MERIAN *live!*

W0075963

LA PALMA

Wolfram Philipp Singewald übersetzt als Freiberufler vor allem Literatur sowie Dialogskripte für Film und TV. In Deutschland geboren und aufgewachsen, lebt er seit 2012 auf La Palma.

 Familientipps

 Barrierefreie Unterkünfte

 Umweltbewusst Reisen

 FotoTipp

 Ziele in der Umgebung

 Faltkarte

Preise für ein Doppelzimmer mit Frühstück:

€€€€ ab 130 €   €€€ ab 70 €
€€ ab 40 €   € bis 40 €

Preise für ein dreigängiges Menü ohne Getränke:

€€€€ ab 35 €   €€€ ab 28 €
€€ ab 20 €   € bis 20 €

INHALT

◀ Drachenbäume werden mehrere Hundert Jahre alt und gelten als Wahrzeichen der Kanaren.

Der Norden

Santa Cruz und der Osten

Der Westen

Der Süden

Willkommen auf La Palma

Die westlichste der Kanarischen Inseln bietet eine kaum zu übertreffende landschaftliche Vielfalt und birgt reiche Kulturschätze, die bis in die Jungsteinzeit zurückreichen.

Seit 2011 empfängt La Palma seine Gäste mit einem neuen modernen Flughafen. Doch der erste Eindruck, den der nüchterne Betonbau vermittelt, täuscht: Es hat sich auf der Insel kaum etwas geändert seit damals, als Neuankömmlinge noch zu Fuß über das Rollfeld in das kleine, einladend gelb gestrichene Terminalgebäude mit Dachterrasse und Holzbalkonen spazieren mussten. Ein junger Einheimischer, der nach Deutschland ausgewandert war, sagte einmal zu mir: »La Palma ist wie ein kleines Märchenland, und deswegen komme ich immer wieder zurück.« Und irgendwie ist etwas dran: Die Insel wirkt wie eine Modelleisenbahn-

Welt. Es gibt hier so ziemlich alles, was das Herz begehrt, nur ist eben alles ein bisschen kleiner und überschaubarer. Die Entfernungen sind kürzer, die Straßen schmaler, und die Orte wirken tatsächlich wie Modelle im verkleinerten Maßstab.

Entspannte Inselkultur

Und auch die Menschen, die auf diesem ungewöhnlichen Eiland leben, sind etwas Besonderes. Meist wirken sie so gelassen und heiter, als wären sie selbst gerade im Urlaub. Irgendwo gibt es immer eine Fiesta zu Ehren einer Heiligen mit Gesang und Tanz auf der Straße, und die Cafés und Bars der Städte versprühen einen

◄ An der Plaza de España (► S. 60) in Los Llanos de Aridane trifft man sich zum Schwätzchen.

Charme, dem man am liebsten tagelang verfallen möchte. Doch Kaffeetrinken in der Meeresbrise ist nur eines von vielen Highlights, die diese kleine Insel, die voller Abwechslung und Überraschungen steckt, zu bieten hat. Vor allem die atemberaubende Landschaft La Palmas zieht Besucher in ihren Bann. Selbst ausgesprochene Outdoor-Muffel sind angesichts der reichen natürlichen Schätze beeindruckt. Wer einmal vom Rand der spektakulären Caldera de Taburiente geblickt hat, wird dieses fantastische Panorama nie vergessen. Es ist kaum zu glauben, wie gewaltig und Ehrfurcht gebietend ein so kleines Fleckchen Erde im Atlantik wirken kann!

Vielfältige Landschaften

Schon auf der Fahrt vom Flughafen zur Unterkunft kommt man aus dem Staunen nicht mehr heraus. Kaum hat man die Tiefebene von Santa Cruz verlassen, geht es hinauf in die saftig grünen Berglandschaften der Ostseite der Insel. Aufgrund der stetigen Winde des Nordostpassats stauen sich große Wolkenmassen an den Hängen, und beim Anblick der ersten Schlingpflanzen, die zwischen dichten Nebelschwaden von den Bäumen herabhängen, hat man schnell vergessen, dass man vor wenigen Minuten noch vor dem Terminal stand. Und ähnlich abwechslungsreich geht es weiter. Eben fährt man noch durch dichte Urwälder, die genauso gut im Süden Nepals oder in Kolumbien gedeihen könnten, und schon durchquert man den Tunnel zur Westseite der Insel und findet sich in der ersten Hochebene des Aridanetals wieder, die mit ihrem kurzen Grasbewuchs und den zierlichen Steinmauern schon fast an eine schottische Landschaft erinnert. Nur 20 Autominuten weiter südlich breiten sich schwarze Vulkanwüsten aus. Und im Norden erreicht man nach knapp zwei Stunden den gut 2400 m hohen Roque de los Muchachos, den höchsten Berg auf La Palma, dessen rötliche Felslandschaft über den Wolken an die Oberfläche eines fernen Planeten erinnert.

Wandern zu den Relikten einer uralten Kultur

Über die ganze Insel erstreckt sich ein Hunderte Kilometer langes und sehr gut markiertes Wanderwegenetz. Natur- und Trekkingfreunde können so ungestört die Schönheiten La Palmas und einige bedeutende Kulturstätten der kanarischen Ureinwohner auf eigene Faust erkunden. Für die Kultur der Guanchen bedeutete die Entdeckung La Palmas durch die Spanier leider einen tragischen Wendepunkt, auch wenn sie mit Häuptling Tanausú einen Helden in ihren Reihen hatten, der es ohne Weiteres mit Asterix und seinen unbeugsamen Galliern hätte aufnehmen können. Ein Besuch im Inselmuseum, wo man mehr über die ereignisreiche Inselgeschichte erfahren kann, lohnt sich auf jeden Fall. Dank der geringen Größe La Palmas sind Sehenswürdigkeiten wie diese nie weit entfernt, ebenso wie die guten Restaurants der Insel, in denen man bei einem Gläschen Wein den Sonnenuntergang genießen und die Ereignisse des Tages Revue passieren lassen kann.

MERIAN TopTen

MERIAN zeigt Ihnen die Höhepunkte der Insel: Das sollten Sie sich bei Ihrem Besuch auf La Palma nicht entgehen lassen.

Malerische Buchten und Bergregionen, undurchdringliches Dickicht und schwarze Wüsten – La Palmas Landschaften sind so vielseitig wie spektakulär. Hinzu kommen kulturelle Schätze aus prähistorischer Zeit, beeindruckende architektonische Zeugnisse der ersten spanischen Eroberer und ein modernes La Palma, das sich sehen lassen kann. Auf Schritt und Tritt gibt es etwas zu entdecken, ganz gleich zu welcher Jahreszeit.

MERIAN TopTen 360°
Damit Sie sich vor Ort schneller orientieren können, finden Sie zu ausgewählten MERIAN TopTen auf den folgenden Seiten Umgebungskarten mit Restaurant-, Einkaufsempfehlungen und Tipps für weitere Sehenswürdigkeiten.

1 Die Altstadt von Santa Cruz
Cafés und Läden in historischen Bauten aus der Kolonialzeit laden zum Bummeln ein (▸ S. 41).

2 Rastro de Argual
Bunter Wochenmarkt mit Kunst, Antiquitäten, Straßenmusikern und einer Glasbläserei (▸ S. 64).

3 Puerto de Tazacorte
Einer der schönsten Strände der Insel mit lohnenden Ausflugszielen in der Umgebung (▸ S. 73).

4 Salinas de Fuencaliente
Die letzte Saline der Kanaren produziert immer noch in Handarbeit und bietet seltenen Vogelarten ein Zuhause (▸ S. 81).

5 Volcán Teneguía
Atemberaubende Ausblicke über eine wüstenartige Lavalandschaft (▸ S. 81).

6 Die Höhlen von Buracas
Uralte Felsgravuren und Wohnhöhlen der Ureinwohner La Palmas (▸ S. 84).

7 Roque de los Muchachos
Der höchste Gipfel der Insel entführt in eine fremdartige Welt über den Wolken (▸ S. 87).

8 El Porís de la Candelaria
In einer großen Felshöhle versteckt sich dieser romantische alte Schmugglerhafen (▸ S. 89).

9 Charco Azul
Natürlicher Felsenpool mit Extra-Becken für Kinder (▸ S. 92).

10 Los Tilos
Die uralten Wälder von Los Tilos entstammen einer Periode vor der letzten Eiszeit (▸ S. 96).

© MERIAN-Kartographie

360° Santa Cruz

MERIAN TopTen

1 Die Altstadt
In der schönen verkehrsberuhigten Zone im Zentrum von Santa Cruz warten viele historische Gebäude, die Cafés, Restaurants und Läden beherbergen (▸ S. 41).

SEHENSWERTES

1 Plaza de España
Ein historischer Platz, umringt von Prachtbauten aus der Renaissance, darunter eine Kirche und das alte Rathaus. (▸ S. 45).

2 Plaza de San Francisco
Auf dem Vorplatz des Klosters findet alle fünf Jahre der Höhepunkt des wichtigsten Heiligenfests der Insel, Bajada de la Virgen, statt (▸ S. 45).

ESSEN UND TRINKEN

3 La Lonja
Kleines Restaurant in einem liebevoll begrünten Innenhof. Es gibt kanarische Küche mit Fisch und Eintöpfen (▸ S. 49).
Avenida Marítima 55

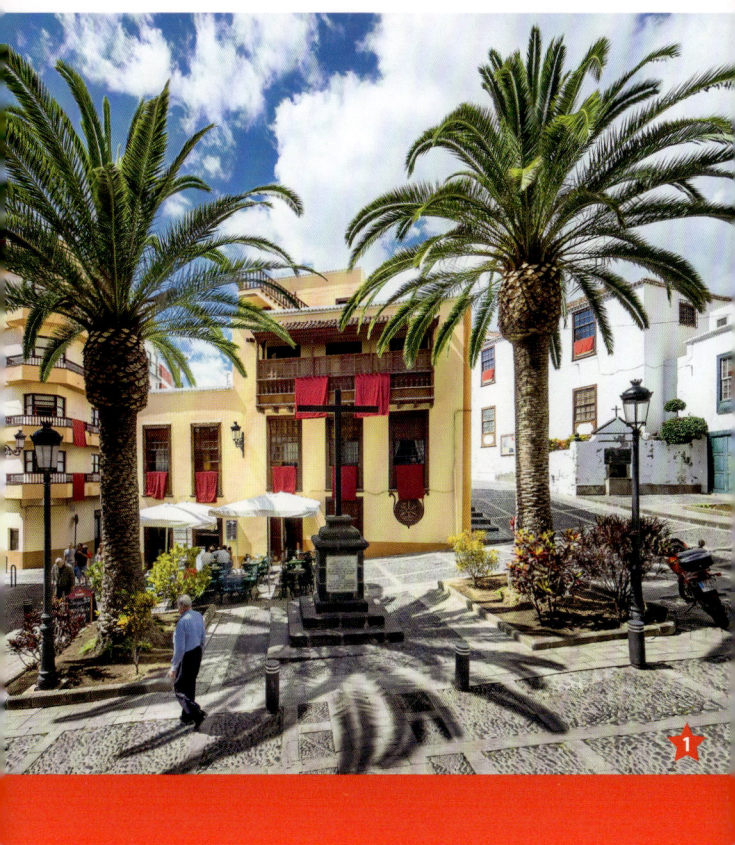

EINKAUFEN

4 **HierbaBuena** 🌿

Dieser Bioladen ist auf der ganzen Insel für seine üppige Auswahl an Gewürzen und Kräutern bekannt (▸ S. 50).
Calle Dr. S. Abreu 4

5 **La Molina Artesanía**

Schönes Angebot an Kunstgegenständen, Schmuck und Souvenirs sowie Feinkostprodukten aus der Region (▸ S. 50).
Calle O'Daly 17

AM ABEND

6 **Bar el Negresco**

In dieser Bar werden sehr gute Tapas aus lokalen Zutaten serviert. An manchen Abenden gibt es auch Livemusik (▸ S. 50).
Calle Pérez de Brito 47

7 **Tasca La Cuatro**

Die Tasca la Cuatro und ihre beiden Nachbarlokale sind zentraler Bestandteil des Nachtlebens von Santa Cruz (▸ S. 50).
Calle Blas Simón 4

360° Los Llanos de Aridane

MERIAN TopTen

2 Rastro de Argual
Auf diesem sonntäglichen Kunst- und Flohmarkt treten auch Kleinkünstler auf (▸ S. 64).
Argual, Plaza Sotomayor

SEHENSWERTES

1 Parque Antonio Gómez Felipe 👫👭
Dieser Skulpturenpark ist für Kinder wie Erwachsene ein kleines Abenteuer (▸ S. 60).
Carretera Puerto Naos

2 Plaza de España
Das Herz der Fußgängerzone von Los Llanos. Diese Plaza mit ihren Cafés und Lorbeerbäumen ist ein beliebter Treffpunkt (▸ S. 60).

ESSEN UND TRINKEN

3 Café Frida
Sehr gute Konditorei, die leckeren Kuchen und hausgemachtes Eis ohne Aromastoffe serviert. Auch Frühstück und Mittagsgerichte stehen auf der Karte (▸ S. 63).
Calle Calvo Sotelo 24

4 **La Luna**
Im begrünten Innenhof dieses wunderschönen Tapas-Lokals finden auch regelmäßig Kulturveranstaltungen statt (▸ S. 64).
Calle Fernández Taño 26

EINKAUFEN
5 **Artefuego** 👫
Die Glasbläserei verkauft ihre kunstvollen Stücke direkt in der Werkstatt. Sonntagvormittags gibt es Vorführungen (▸ S. 64).
Argual, Plaza Sotomayor 29

AM ABEND
6 **Er Sevillano**
Ramón, der Eigentümer dieser urigen Tapas-Bar ist eine Institution in Los Llanos (▸ S. 64).
Avenida Enrique Mederos 26

7 **La Gruta**
Die Bar serviert frische Säfte, Cocktails und Snacks. Beliebt ist außerdem der große Bildschirm für Sportübertragungen (▸ S. 64).
Avenida Carlos Francisco Lorenzo Navarro 19

© MERIAN-Kartographie

360° Rund um Puerto de Tazacorte

MERIAN TopTen

Puerto de Tazacorte
Das bezaubernde Hafendörfchen bietet schöne Cafés und Restaurants sowie einen Sandstrand mit schützender Mole (▸ S. 73).

SEHENSWERTES

Mirador El Time
Dieser herrliche Aussichtspunkt erlaubt beeindruckende Panoramablicke über das Aridanetal und in die Caldera (▸ S. 73).
LP-1

Santuario de Nuestra Señora de las Angustias
Wenn im Frühjahr die Yacaranda-Bäume blühen wird diese Kirche zur schönsten La Palmas (▸ S. 74).
LP-1

Wohnhöhlen von El Time
In den kleinen Höhlen oberhalb der Strandpromenade lebten bis in die 1940er-Jahre Einheimische. Danach ließen sich hier Aussteiger nieder (▸ S. 74).
Avenida el Emigrante

ESSEN UND TRINKEN

4 Il Tramonto
Die leckere Pizza im Il Tramonto braucht den Vergleich mit Italien nicht zu scheuen, und auch die Pasta lohnt den Besuch (▶ S. 75).
Avenida el Emigrante 3

5 Taberna del Puerto
Äußerst beliebtes Restaurant am Strand mit schönem Außenbereich. Die hausgemachten Mojos sind besonders gut (▶ S. 75).
Plaza Castillo

EINKAUFEN

6 Arte Lava
Wer Souvenirs oder Schmuck kaufen möchte, kommt an diesem Laden nicht vorbei (▶ S. 75).
Calle el Puerto 6A

AKTIVITÄTEN

7 Whalewatching
Ein Ausflug mit der Fancy II bietet neben Snacks und Badepausen vor allem gute Chancen, Wale und Delfine zu sehen (▶ S. 36).
Hafen

MERIAN Tipps

Mit MERIAN mehr erleben. Nehmen Sie teil am Leben der Insel und entdecken Sie La Palma, wie es nur Einheimische kennen.

1 Mercado Municipal de Los Llanos B 4

Die Markthalle in Los Llanos bietet ein Einkaufserlebnis, das in Zeiten von hektischen Supermärkten und Malls selten geworden ist. Hier kaufen vor allem die Einwohner La Palmas für ihren täglichen Bedarf ein. Fisch, Fleisch, Obst, Gemüse, Mandeln, handgefertigte Süßigkeiten, Kräuter – hier gibt's alles, was das Feinschmeckerherz begehrt. Und bei aller Geschäftigkeit herrscht die typisch palmerische Atmosphäre – es wird gelacht, getratscht und in Ruhe gekostet, auch wenn andere Kunden in der Schlange warten müssen. Denn egal, wie lang die Liste auf dem Einkaufszettel auch ist: Die Lebenslust wird auf La Palma stets großgeschrieben.

Los Llanos de Ariadne, Avenida Enrique Mederos bzw. Calle Ramón Poll • Mo–Fr 6–14, Sa 6–16 Uhr

2 Playa de la Veta B 3

An der Küste von Tijarafe liegt diese versteckte Badebucht, die nur zu Fuß oder per Boot zu erreichen ist. Dennoch sind hier auch einige Wohnhöhlen in den Klippen zu finden, und im Schatten großer Gummibäume stehen kleine Strandhütten, deren Eigentümer an den Wochenenden zum Grillen und Feiern vorbeikommen. Die 3 km lange Zufahrt zum Parkplatz erfolgt gegenüber der Bar Guagua, 2,5 km nördlich von El Pueblo de Tijarafe. Der ca. 20-minütige Abstieg von dort aus bietet malerische Ausblicke über die Steilküste. Im Winter schrumpft die sonst große Sandfläche des Strands zuweilen stark. Fließendes Wasser und sanitäre Anlagen sind nicht vorhanden.

Tijarafe, Camino de la Veta

3 Día de los Indianos D 3

Dieses einzigartige, mit über 60 000 Besuchern weitaus größte Fest der Insel findet am Rosenmontag in Santa Cruz statt. Zehntausende Feierwütige in weißen Kostümen strömen zu diesem Anlass in die Hauptstadt und werfen in den Straßen mit weißem Puder (meist Babypuder) um sich. Die Kostüme sollen die palmerischen Aussiedler aufs Korn nehmen, die bei ihrer Rückkehr aus Südamerika ihren dort erlangten Reichtum oft prahlerisch zur Schau stellten. Das Einpudern der Heimkehrer hat seit dem 17. Jh. Tradition, und seit etwa 1920 gehört dieser bunte sa-

tirische Umzug fest zum Karnevalsprogramm der Insel.

Santa Cruz de La Palma

4 El Café de Don Manuel D 3

Dieses schicke Café im Herzen von Santa Cruz verbindet den historischen Charakter der Altstadt mit

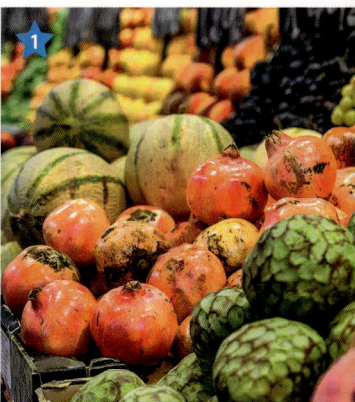

moderner Gastro-Eleganz. Es ist meist gut besucht und wird vor allem von Einheimischen frequentiert. Dem palmerischen Gemüt entsprechend wird hier nicht selten lautstark gelacht, diskutiert oder beides zugleich. Ein Blick in die Karte zeigt, dass sich das Don Manuel mit seinem Angebot vor allem an Freunde hochwertigen Kaffees richtet. Die Auswahl an Kaffeesorten und anderen Getränken lässt keine Wünsche offen, und auch die Kuchenspezialitäten werden aufwendig und liebevoll angerichtet serviert.

Santa Cruz de La Palma, Calle Anselmo Pérez de Brito • Tel. 9 22 41 03 17 • Mo–Fr 8.30–13.30 und 16.45–20, Sa 9–14 Uhr • €€

5 Restaurante Enriclai D 3

Hinter der Markthalle in Santa Cruz liegt dieses winzige Lokal, das mit seinen vier Tischen als kleinstes Restaurant der Insel gilt. Doch nicht nur dafür ist es bekannt und beliebt – Koch Roberto zaubert herrliche Gerichte aus frischen Zutaten von der Insel, und die Gäste genießen die familiäre Atmosphäre. Neben herzhaften Suppen und liebevoll zubereiteten Fischgerichten ist auch die Auswahl an vegetarischen Speisen groß.

Santa Cruz de La Palma, Calle Doctor Santos Abreu 2 • Tel. 6 80 20 32 90 • Mo–Sa 12.30–15.30 und 19.30–22.30 Uhr • €€

6 Corpus Christi in Villa de Mazo D 4

In wochenlanger Kleinarbeit bereiten die Einwohner von Villa de Mazo verschiedenste Dekorationen aus Blumen, Ähren, Stroh und anderen natürlichen Materialien für das Fronleichnamsfest vor. Zum Fest werden dann in der Hauptstraße nicht nur Blumenteppiche auf dem Boden ausgelegt, wie sie mancherorts auch in Deutschland üblich sind, auch kunstvoll gestaltet Wandteppiche und ganze Torbögen sind zu sehen. Als Höhepunkt zieht eine feierliche Prozession durch das Dorf. Diverse Ausstellungen, Theatervorführungen und andere Veranstaltungen sorgen für einen festlichen Rahmen.

Villa de Mazo, Fronleichnam

7 Casa Kiko B 4

In La Laguna findet man eines jener kleinen, unscheinbaren Lokale, die von ihren Stammgästen für ihre günstigen Preise und die ordentliche Qualität geschätzt werden. Die Casa Kiko ist kein feines Restaurant für ein schickes Essen am Wochenende, sondern eines, in

dem sich Handwerker zur Mittagspause treffen und Hausmannskost genießen. Authentisch!

La Laguna, Carretera Puerto Naos 209 • Tel. 9 22 40 38 58 • tgl. 8–16 und 18.30–23 Uhr • €

8 Autobar Nautilus   C 6

Puntalarga gehört zu den nicht offiziell genehmigten Siedlungen an den Küsten La Palmas, ist aber weit weniger bekannt als z. B. El Remo. Getreu dem eher provisorischen Charakter dieser Stranddörfer besteht der Kiosk Nautilus lediglich aus einem Imbisswagen mit einer kleinen Kies-Terrasse. Hierher kommen fast ausschließlich die Besitzer der Wochenendhäuschen mit ihren Freunden und Familien. In der Autobar lässt sich ein La Palma erleben, das sich noch nicht für die Touristen geschminkt hat. Die Speisekarte ist nicht besonders aufregend, der frische Fisch aber absolut empfehlenswert.

Puntalarga, Carretera la Costa • Tel. 9 22 69 60 37 • Fr–Mi 10–23 Uhr • € 11 km westl. von Los Canarios

9 El Tablado   C 1

Dieses kleine Fischerdörfchen krallt sich an einen schmalen Bergrücken zwischen zwei Schluchten und ist wohl die abgelegenste Siedlung der Insel. Die meisten Bewohner verließen das Dorf bereits vor Jahrzehnten auf der Suche nach besseren Lebensbedingungen im Süden – 2014 waren nur noch 39 feste Einwohner registriert. Die übrig gebliebenen Häuser dienen heute als Wochenend- oder Feriendomizile, und das Dorf hat sich baulich seit Generationen nicht verändert. Die Häuser mit Dächern aus Teaholz-Brettern sind einmalig auf der Insel, und auch sonst erinnert vieles in dem Dorf an die Zeit des 19. Jh.

Zufahrt an der LP-1 bei Roque del Faro ausgeschildert 25 km nördl. von Puntagorda

10 La Danza del Diablo   B 3

Die Feierlichkeiten am Patronatstag der heiligen Señora de la Candelaria wurden in Tijarafe mit einem althergebrachten heidnischen Brauch verknüpft: der Verbrennung einer Teufelsfigur. Die ganze Nacht hindurch tanzt immer wieder ein großer brennender Teufel durch die Menge – ein Mensch in einem mächtigen eisernen Kostüm, das über und über mit Feuerwerkskörpern bespickt ist, die nacheinander abbrennen. Ist das Feuerwerk ausgebrannt, muss der Teufel fliehen und die Mächte des Lichts haben gesiegt. Das Fest zieht Tausende Besucher an und wird mit lauter Musik und viel Wein gefeiert.

Tijarafe, 7.–8. Sept.

Kleinstädtisches Flair prägt die beschaulichen Gassen in der Altstadt von Santa Cruz (▸ MERIAN TopTen, S. 41). Hier hat sich eine Reihe alter Häuser im kanarischen Stil erhalten.

Zu Gast auf **La Palma**

Genießen Sie die gemütliche Lebensart der Palmeros und ihre Gast-
freundschaft, außerdem schwarze Strände und eine atemberaubende
Natur, die von Wüste bis Urwald alles bereithält.

Übernachten

Neben einigen Hotels laden vor allem traumhafte und preisgünstige Ferienhäuser in allen Lagen zum Entspannen auf der Insel ein.

◄ Residieren wie ein König im Hotel Hacienda de Abajo (▸ S. 74).

Klassische Hotelanlagen gibt es auf La Palma nur einige wenige. Auch wenn die Insel mit einigen Hotelangeboten in den größten Touristenorten für sonnenhungrige Badeurlauber gut gerüstet ist, steht auf La Palma eindeutig der Individualtourismus im Vordergrund.

Ferienhäuser mit kanarischem Flair

Dementsprechend finden sich in nahezu allen Regionen und Lagen der Insel zahlreiche Ferienhäuser. Zumeist sind sie im typisch kanarischen Stil erbaut, bunt gestrichen oder mit Fassaden aus dunklem Lavastein. Wie es in den ländlichen Gegenden La Palmas üblich ist, erheben sich die meisten Häuser in Alleinlage auf kleinen, liebevoll gestalteten Grundstücken. Fernab von Verkehrslärm und Straßenbeleuchtung kann man hier in Ruhe den Blick aufs Meer und in den Sternenhimmel genießen. Ein Mietwagen ist allerdings fast immer Grundvoraussetzung.

Hotels und Apartments

Die Auswahl an großen Hotels der Vier-Sterne-Kategorie ist auf La Palma gering und beschränkt sich neben dem La Palma Princess in **Las Indias** auf die beiden Tourismus-Zentren **Los Cancajos** an der Ostküste der Insel und **Puerto Naos** an der Westküste. Dort finden interessierte Urlauber eine Reihe von gut ausgestatteten Hotels auf Drei- und Vier-Sterne-Niveau. Wer seinen Urlaub vor allem am und im Meer verbringen möchte, kann hier einen lu-

xuriösen Aufenthalt in unmittelbarer Nähe zu zwei der wenigen großen Sandstrände der Insel genießen. Hotels mit bis zu drei Sternen finden sich auch in der Hauptstadt **Santa Cruz** und in anderen größeren Ortschaften. Daneben sind vor allem im Osten der Insel noch eine Reihe von Apartment-Hotels angesiedelt, die ebenfalls maximal Drei-Sterne-Komfort bieten. Insgesamt ist die Qualität der Hotels und Apartments auf La Palma solide bis gut, kann sich jedoch nicht immer mit mitteleuropäischem Niveau messen, was die Modernität der Ausstattung angeht.

Frühzeitig buchen

Für die Buchung von Hotels, Apartments und Ferienhäusern gilt gleichermaßen: Wer zur **Hauptsaison**, d. h. vor allem zu Weihnachten/Neujahr, zu Ostern und in den Ferienmonaten Juli und August nach La Palma reisen möchte, sollte so früh wie möglich reservieren. Die beliebtesten Unterkünfte sind in diesen Zeiträumen oft bereits Monate im Voraus ausgebucht. Eine gute Auswahl an Ferienhäusern für Individualreisende findet sich etwa bei der **Asociación Turismo Rural Ilsa Bonita** (Tel. +34/ 9 22 43 06 25, www.islabonita.es). Weitere Anbieter sind **Paradies La Palma** (Tel. +34/9 22 49 19 10, www.paradieslapalma.de) und **Eco Casa La Palma** (Tel. +9 22/40 05 83, www.la-palmafincas.com).

Empfehlenswerte Hotels und andere Unterkünfte finden Sie bei den Orten im Kapitel ▸ Unterwegs auf La Palma.

Preise für ein Doppelzimmer mit Frühstück:
€€€€ ab 130 € €€€ ab 70 €
€€ ab 40 € € bis 40 €

Essen und Trinken

Würzige Fleischgerichte und frischer Fisch beherrschen die palmerische Küche. Der kräftige Rotwein der Insel ist dazu der perfekte Begleiter.

◄ Papas Arrugadas (► S. 23) gehören zur typischen palmerischen Küche.

Wie überall, wo Zuwanderung und Tourismus eine prägende Rolle spielen, sind auch auf La Palma die Küchen vieler verschiedener Länder vertreten. Wer möchte, kann hier italienische, griechische, chinesische oder sogar deutsche Lokale besuchen – selbst Döner ist auf der Insel zu haben. In der Mehrzahl sind allerdings Lokale, die sich auf einheimische Gerichte konzentrieren. Wer auf La Palma auf der Suche nach einem guten Lokal ist, sollte sich nicht unbedingt von Äußerlichkeiten beeinflussen lassen. Besonders an den Küsten sind es oft die schmucklosen, kleinen Lokale mit ihrer nicht sonderlich einladenden Außenbestuhlung aus Plastik, die die schmackhafteste Küche bieten.

Fleisch, Eintöpfe und Gofio

Typisch für das landwirtschaftlich geprägte La Palma ist eine deftige Hausmannskost. Wie auf dem spanischen Festland isst man hier gerne und viel **Fleisch**. Üblich sind vor allem gebratenes Kaninchen (»conejo«) und Ziege (»cabra«), die kräftig gewürzt und mit einem guten Schuss Knoblauch serviert werden, sowie Schweinefleisch. Daneben stehen zahlreiche **Eintöpfe** (»pucheros«) und verschiedene Suppen wie die klassische Kichererbsensuppe (»potaje de garbanzos«) auf den Speisekarten. Traditionell wird dazu eine Schüssel mit »gofio« serviert, einer Mischung aus mehreren gerösteten und gemahlenen Getreiden. **Gofio** ist das älteste bekannte Grundnahrungsmittel der Kanaren und wurde noch bis vor wenigen

Jahrzehnten zu beinahe jeder Mahlzeit eingenommen. Inzwischen verschwindet er jedoch zunehmend aus der Gastronomie, und auch in der privaten Küche der Einheimischen ist er immer seltener zu finden.

Fisch mit Mojo

Wie man es von einer Insel erwartet, bilden **Fischgerichte** einen weiteren Kernbereich der palmerischen Küche. Wie bei der Zubereitung von Fleisch verzichtet man hier auf raffinierte Kombinationen zugunsten einfacher, ehrlicher Gerichte. Dabei kommt die Frische der idealerweise direkt nach dem Fang verarbeiteten Ware besonders gut zur Geltung. Fisch wird meist auf dem Rost (»a la parilla«) oder auf der Platte (»a la plancha«) gegrillt, gesalzen und mit Knoblauch serviert. Dass das Meer direkt vor der Haustür liegt, bedeutet allerdings nicht, dass auf La Palma kein Tiefkühlfisch aus anderen Gewässern auf den Speisekarten landet. Wer also die Besonderheiten der Insel genießen will, sollte stets nach frischem Fisch (»pescado fresco«) fragen. Fangfrisch im Angebot sind häufig Muräne (»morena«), Wolfsbarsch (»lubina«), Goldbrasse (»dorada«) sowie der zarte und sehr aromatische Papageienfisch (»vieja«). Wolfsbarsch stammt allerdings in der Regel aus Zuchtbetrieben an der Westküste der Insel. Ein Geheimtipp sind kleine Sardinen, die eigentlich als Beifang gelten. Auch wenn sie in Restaurants angeboten werden, stehen sie oft nicht auf der Speisekarte. Sie sind aber deshalb nicht weniger schmackhaft und bei den Einheimischen besonders beliebt. Als Beilage zum Fisch werden typischerweise leckere »papas arrugadas«

⭐ **①** **MERIAN Tipp**

MERCADO MUNICIPAL DE LOS LLANOS

Dieser traditionelle Bauernmarkt in einer großen Markthalle ist ein Anziehungspunkt für Einheimische. Hier werden in lockerer Atmosphäre frische Zutaten und Lebensmittel von der Insel zum Kauf angeboten. ▸ S. 14

(schrumplige Kartoffeln) gereicht. Das sind kleine Kartöffelchen, die mit Schale in sehr salzigem Wasser so lange gekocht werden, bis das Wasser komplett verdunstet und das Salz auf der Schale auskristallisiert ist. Auf diese Weise bekommen die Mini-Knollen ihre namensgebende, schrumplige Erscheinung. Dazu werden etwas Brot und die allgegenwärtigen, sogenannten **Mojos** gereicht: pikante Saucen, die in erster Linie Paprika, Öl, Salz und Knoblauch enthalten. Mojos gibt es in zwei Variationen: rot (»mojo rojo«) und grün (»mojo verde«).

Süßes, frisches Obst und Ziegenkäse

Beliebte **Süßspeisen** in der palmerischen Küche sind »bienmesabe« (wörtlich übersetzt: »schmeckt mir gut«), eine Mandelcreme mit Ei und Zucker, »príncipe alberto« (»Fürst Albert«), eine Leckerei aus Mandeln, Haselnüssen, Schokolade und Biskuit, sowie Flan, der in etwa mit der französischen Crème caramel zu vergleichen ist.

Auch für Selbstversorger hat La Palma viele Köstlichkeiten zu bieten, vor allem frisches **Obst**. Zu jeder Jahreszeit werden Früchte geerntet,

und während Supermärkte fast ausschließlich Importe aus Südamerika anbieten, kann man auf den Wochenmärkten erntefrisches Obst aus La Palma zu günstigen Preisen kaufen. Das ganze Jahr über erhältlich sind Bananen, Ananas, Papayas und Avocados, die in vielen verschiedenen Sorten angebaut werden. Im Herbst und frühen Winter findet man vor allem Mangos, Granatäpfel und Orangen, im späten Winter und Frühling Mandarinen und Guaven sowie hier und da auch Erdbeeren. Im Sommer bis Spätsommer ist die Zeit der Weintrauben, Äpfel, Feigen, Pfirsiche, Aprikosen, Zucker- und Wassermelonen. Besonders lecker sind auch die im Sommer und Herbst reifen Kaktusfeigen. Diese mit unzähligen kleinen Stacheln bewehrten Früchte der Opuntie sind wunderbar saftig und reichhaltig, werden aber aufgrund der aufwendigen Ernte nur selten verkauft. Wer diese ungewöhnliche Frucht probieren möchte, muss sie entweder selbst pflücken oder auf den Bauernmärkten Ausschau halten.

Eine weitere Spezialität mit langer Tradition ist der **Ziegenkäse**. Fast in jedem Dorf gibt es einen kleinen Betrieb, dessen meist frischer oder halbreifer Käse nur in den örtlichen Geschäften angeboten wird. Besonders gut schmeckt er mit Mandeln und etwas Honig oder Feigen.

Historische Reben und preisgekrönte Weine

Bereits seit dem 16. Jh. wird auf La Palma Wein angebaut, und viele der damals eingeführten Rebsorten sind bis heute erhalten geblieben. Seit 1995 verfügen die Anbaugebiete der Insel auch über eine eigene »Deno-

Speisen mit weitem Ausblick über den Atlantik: Das Restaurant La Muralla (▶ S. 90) in Tijarafe lässt Feinschmeckerherzen höher schlagen.

minación de origen«, eine gesetzlich festgelegte Herkunftsbezeichnung. Unterschieden wird zwischen den Gebieten Norte de La Palma, Hoyo de Mazo und Fuencaliente, die zusammen etwa 800 Hektar Anbaufläche umfassen. Besonders beliebt ist Fuencaliente, wo die Malvasía kultiviert wird, eine sehr aromatische und weltweit bekannte Rebsorte. Den Malvasier gibt es als süßen oder trockenen Weißwein mit markanter bernsteingelber Farbe. Größter der 18 kontrollierten Weinproduzenten der Insel ist die Genossenschaft Lla-

novid mit ihrem Markennamen »Teneguía«. Doch auch der Norden produzierte in jüngster Zeit hervorragende Weine. So gewannen die Bodegas del Noroeste bereits Goldmedaillen auf dem internationalen Weinwettbewerb in Lyon.

Empfehlenswerte Restaurants finden Sie bei den Orten im Kapitel ▶ **Unterwegs auf La Palma.**

Preise für ein dreigängiges Menü:
€€€€ ab 35 €   €€€ ab 28 €
€€ ab 20 €   € bis 20 €

Einkaufen

Schmuck aus Lavastein, Zigarren, Wildblütenhonig oder Meersalz – La Palma hat viele Mitbringsel zu bieten. Die meisten entstehen in liebevoller Handarbeit.

◄ In palmerischen Kunsthandwerksstätten werden die Töpferwaren noch von Hand graviert.

Wer während seines Aufenthalts auf La Palma etwas kaufen möchte, das mit der Kultur, Geschichte oder Landschaft der Insel in Verbindung steht, dem bietet sich ein reicher Fundus an authentischen, handgearbeiteten Produkten. Allerdings werden die schönsten Souvenirs oft in kleinen Dörfern und abgelegenen Gegenden angeboten und sind deshalb häufig schwer zu finden. Um die Suche zu erleichtern, gibt es auf der Insel drei größere Zentren für Kunst und Kunsthandwerk, die **Centros de Exposición y Venta Artesanía**: eines in Mazo (Enlace Dr. Morera Bravo, Tel. 9 22 42 84 55), eines in Los Llanos (Calle Las Adelfas 1, Tel. 9 22 46 46 09) und eines in Santa Cruz de la Palma in der Casa Salazar (Calle O'Daly 22, Tel. 9 22 42 31 00 Extensión 2529).

Origineller Schmuck und Glaskunst

Für Liebhaber besonderer Schmuckstücke ist La Palma eine wahre Fundgrube. Zahlreiche einheimische und zugewanderte Künstler stellen auf der Insel schöne Dinge aus Silber, Gold, Edelsteinen, Korallen, Vulkangestein und anderen Materialien her. Herrliche Stücke aus Silber und Vulkangestein kreiert beispielsweise die Goldschmiede **Volcán Verde** in Tazacorte sowie einige Künstler, die ihre Erzeugnisse auf dem Wochenmarkt **Mercadillo del Agricultor** in Puntagorda verkaufen. Eine weitere gute Anlaufstelle für Schmuckjäger ist der **Flohmarkt in Argual** ⭐, wo stets Trödler, Antiquitätenhändler,

Gold- und Silberschmiede sowie andere Künstler ihre Waren feilbieten. Dort findet sich auch die Glasbläserei **Artefuego** von Dominic Kessler, der wunderschöne Glaskunstwerke im Angebot hat und sonntags Vorführungen für die Besucher des Flohmarkts abhält.

Handgerollte Zigarren

Anfang bis Mitte des 19. Jh. kehrten viele kanarische Auswanderer aus Südamerika in ihre Heimat zurück, da sich die Lebensverhältnisse auf den Inseln seit ihrem Weggang erheblich verbessert hatten. Im Gepäck hatten sie Samen und jede Menge Know-how für den Tabakanbau aus Kuba, der berühmtesten Zigarrennation der Welt. Damit wurde der Grundstein für das Traditionshandwerk der Zigarrenherstellung gelegt, und heute ist La Palma die einzige der Kanarischen Inseln, auf der Zigarren noch in Handarbeit produziert werden. Das milde Klima La Palmas mit seinem feuchten Nordostpassat verleiht dem Tabak der Insel eine ganz besondere Note, und Kenner wissen um die Vorzüge der palmerischen »Puros«. Erhältlich sind palmerische Zigarren in verschiedenen Fachgeschäften auf der Insel oder direkt bei den Manufakturen. An das Zigarrenmuseum **Museo del Puro Palmero** in Breña Alta ist eine Manufaktur angeschlossen, wo Interessierte den gesamten Herstellungsprozess vom Tabakanbau bis zur fertigen Zigarre mitverfolgen können.

Empfehlenswerte Geschäfte und Märkte finden Sie bei den Orten im Kapitel ▶ **Unterwegs auf La Palma.**

Sport und Strände

La Palma ist für seine eindrucksvollen Wanderrouten bekannt. Doch es locken zahlreiche weitere sportliche Aktivitäten, und auch Badegäste kommen auf ihre Kosten.

◄ Wer den Kraterrand der Caldera de Taburiente (► S. 83) erklimmt, wird mit spektakulären Aussichten belohnt.

Eine der bekanntesten Attraktionen von La Palma, die jedes Jahr viele Aktivurlauber auf die Insel lockt, ist die atemberaubende Caldera de Taburiente im Norden der Insel, der größte Erosionskrater der Welt. Durch den umgebenden National-park, der eine herrlich wilde und weitgehend unberührte Natur zu bieten hat, führen zahlreiche ab-wechslungsreiche Wanderrouten, auf denen es hinter jeder Biegung etwas Neues zu entdecken gibt.

Doch die Vielfalt La Palmas hat noch weitaus mehr zu bieten – von kahlen, wüstenartigen Lavafeldern im Süden der Insel über üppige Ur-wälder im Nordosten und saftig grüne Wiesen im Norden bis hin zu geschützten Meeresgebieten vor der Küste mit einer einzigartigen Pflan-zen- und Tierwelt. Wer also nicht so gerne wandert, findet auf La Palma zahlreiche andere Möglich-keiten, sportlich aktiv zu werden, sei es mit dem Fahrrad, dem Gleit-schirm oder mit der Taucherbrille. Die meist dunklen Sand- und Kies-strände der Insel sind zwar bis auf wenige Ausnahmen vergleichsweise klein, dafür jedoch so zahlreich, dass mit Sicherheit für jeden Geschmack des Passende dabei ist.

GLEITSCHIRMFLIEGEN

Die Mehrheit der Gleitschirmflieger auf La Palma ist auf eigene Faust oder in selbst organisierten Gruppen unterwegs. Wer mehr Informatio-nen sucht oder sich für einen Schnupperflug per Tandem interes-siert, wendet sich am besten an die Gleitschirmflugschule Palmaclub in Puerto Naos. Nützliche Infos zum Thema finden sich zudem auf der Website www.idafe.com

Palmaclub B 4
Begleitetes Fliegen ab A-Schein, B-Schein-Ausbildung, Tandemflüge. Puerto Naos • www.palmaclub. com • Tel. 6 72 28 44 31 • www.palma club.com

RADFAHREN

Mit allgegenwärtigen Steigungen von fünf bis zehn Prozent ist La Palma für Fahrradfahrer eine echte Herausfor-derung. Darüber hinaus gibt es keine Radwege, was die Hauptstraßen zu einer permanenten Gefahrenquelle macht. Am geeignetsten für Radtou-ren im üblichen Sinn ist die Südhälfte der Insel – auf der Strecke zwischen Los Llanos und Villa de Mazo gibt es verhältnismäßig wenige Schluchten zu durchqueren. Wer hingegen span-nende Trails zum Mountainbiken sucht, der ist im Norden La Palmas genau richtig. Die Verleihstationen in Los Llanos und Puerto Naos beraten gerne und organisieren sogar Touren.

Bike 'n' Fun ► S. 61, e 2
Los Llanos, Calle Calvo Sotelo 20 • Tel. 9 22 40 19 27 • www.bikenfun.de

Bike Station La Palma B 4
Puerto Naos, Avenida Cruz Roja 3 • Tel. 9 22 40 83 55 • www.bike-station.de

REITEN

Der Reitsport ist auf La Palma kaum verbreitet, nicht zuletzt, da das Futter für die Pferde größtenteils importiert werden muss. Auch historisch gese-hen spielten Pferde keine große Rolle auf der Insel. Die meisten Transporte wurden früher mithilfe der zäheren und genügsameren Esel erledigt. Auf der Westseite der Insel gibt es zurzeit zwei Ranches, die sowohl Ausritte als auch Reitunterricht anbieten.

Yeguada J. J. Ramos   C 4
Tajuya (Los Llanos), Camino Nicolas Brito Pais • Tel. 9 22 49 72 42 • lapalma-yeguadaramos.jimdo.com

Miriam Grabowski   C 4
El Paso, Calle Valencia 4 • Tel. 6 46 34 83 82

SEGELN
Segelfans haben die Möglichkeit, Boote und Jachten verschiedener Größen für Ein- oder Mehrtagestörns zu chartern. Infos und Kontakte vermittelt der Segelclub Real Club Nautico La Palma. Segler, die La Palma vom Meer aus ansteuern möchten, können sich für Infos und Hilfe an die Trans-Ocean-Stützpunkte wenden.

La Palma Sailing   C 4
El Paso, Calle la Cruz 9 • Tel. 9 22 46 46 59 • www.la-palma-sailing.com

Real Club Nautico La Palma
▶ Klappe hinten, e 3
Santa Cruz de La Palma, Calle Pérez de Brito 9 • Tel. 9 22 41 19 35 • www. rcnlapalma.com

Trans-Ocean-Stützpunkt Ost, H. & B. Maßmann   D 4
Breña Alta, Carretera Estrella 27 • Tel. 9 22 41 73 45

Trans-Ocean-Stützpunkt West, Frederico Ulrich   B 4
Tazacorte, Finca La Costa 19 • Tel. 9 22 48 00 00 • www.segeln-lapalma.eu

TAUCHEN
Tauchern bietet die Insel dank der geschützten Küstengewässer Einblicke in eine artenreiche Unterwasserwelt. Auch Schnupperkurse für Anfänger können gebucht werden.

Buceo Sub La Palma   D 4
Los Cancajos, H10 Costa Salinas Local 3 • Tel. 9 22 18 11 13 • www.4dive.org

La Palma Diving Center   D 4
Los Cancajos, Centro Comercial • www.la-palma-diving.com • Tel. 9 22 18 13 93

Tauchpartner La Palma   B 4
Puerto Naos, Paseo Maritimo 1 • www.tauchpartner-lapalma.de • Tel. 9 22 40 81 39

TENNIS
Neben den Tennisplätzen im Hotel Princess (▶ S. 78) und dem Hotel Sol La Palma (▶ S. 73) gibt es zwei Tennisclubs, deren Plätze auch von Nicht-Mitgliedern gemietet werden können. Der Tennisclub Valle de Aridane bietet außerdem einen Swimmingpool und die Möglichkeit, Trainerstunden zu nehmen.

Club de Tenis del Valle de Aridane   B 4
Puerto Naos, Hoyo Verdugo 7 • Tel. 9 22 40 60 75

Club de Tenis La Palma   D 4
Breña Alta, Calle La Caldereta • Tel. 9 22 41 05 21

WANDERN
Das Netz der offiziellen Wanderrouten auf der Insel umfasst insgesamt über 1000 km Wegstrecke. Sie füh-

La Palma bietet Mountainbikern eine Vielzahl spektakulärer Trails in grandioser Natur, seien es schattige Waldwege oder Vukansandpisten (▶ S. 29).

ren vor allem in das Gebiet Caldera oder erschließen die Bereiche in der Umgebung. Trekking-Fans können auf markierten Pfaden vom Leuchtturm an der Südspitze der Insel über die Vulkangipfel der Cumbre Vieja bis ganz in den äußersten Norden La Palmas wandern und die Insel sogar komplett umrunden. Die Wanderwege sind allerdings nicht überall im besten Zustand und nach schwereren Regenfällen im Winter oft beschädigt. Wer also auf La Palma wandern möchte, sollte trittsicher sein und festes Schuhwerk tragen.

Sonnencreme ist wie bei allen Bergtouren empfehlenswert. Im Sommer sollte man zudem großzügige Wasservorräte mitführen, da es so gut wie keine frei zugänglichen Quellen oder Bäche gibt. Die Website www.senderosdelapalma.de bietet neben einer Liste der offiziellen Wanderwege auch Informationen über Rastplätze, Zeltplätze und Ähnliches.

Graja Tours ▶ S. 61, südl. d 3
Los Llanos, Camino El Callejón 31 B • Tel. 9 22 10 75 36 • www.wandern-auf-la-palma.de

Tagsüber baden am Lavastrand, anschließend die Köstlichkeiten der Fischrestaurants an der Promenade genießen: Puerto de Tazacorte (▶ MERIAN TopTen, S. 73).

Natour Trekking　📙 D 4
Breña Baja, Apartamentos La
Cascada • Tel. 9 22 43 30 01 •
www.natour.travel

STRÄNDE

Die Strände La Palmas bestehen aus schwarzem, meist grobem Vulkansand, Kies und vom Meer rund gewaschenen Steinen. Kiosks oder öffentliche Toiletten finden sich bislang nur an den größten Stränden der Insel. Dafür sind die kleineren, oft abgelegenen Badebuchten meist weniger gut besucht und unter der Woche

außerhalb der Ferienzeit im August manchmal sogar völlig menschenleer. Wer also ein Stranderlebnis ohne störendes Handtücher- und Sonnenschirmmeer haben möchte, findet auf La Palma beste Bedingungen. Ein Sonnenschirm und ganz besonders Badeschuhe zum Schutz vor heißem Sand und scharfen Steinen sind unbedingt empfehlenswert. Für FKK-Freunde gibt es seit 2014 einen ausgewiesenen Strandabschnitt in Tazacorte, und Hunde dürfen sich im hinteren Teil der Playa los Guirres austoben.

9 Charco Azul · D 2

Natürliches Meeresschwimmbecken (▸ S. 92), das von Los Sauces aus auch zu Fuß erreichbar ist. Für Nichtschwimmer gibt es einen separaten kleinen Pool. Einige Terrassen sind als Liegeplätze angelegt, und das Restaurant Mesón del Mar ist direkt angeschlossen.

Charco Verde · B/C 5

Schöne Bucht mit mittelmäßig langem, aber sehr breitem Strand, drei Autominuten südlich von Puerto Naos. Es gibt einen Kiosk und zwei Volleyballplätze, und direkt oberhalb kann man in einer schönen Feriensiedlung wohnen. Im Winter herrschen hier starke Strömungen, im Sommer sind sie dagegen überwiegend harmlos.

La Fajana · C 1

Mehrere schöne gemauerte Meeresschwimmbecken im Norden der Insel bei Barlovento. Trotz der Mauern sind die Becken bei rauer See leider nicht zum Baden geeignet. In der Nähe befinden sich einige Ferienhäuser und ein Restaurant.

Playa de los Cancajos 🏖 · D 4

Weicher Sandstrand im Touristenzentrum der Ostküste. Bars, Restaurants und Hotels befinden sich direkt in der Nähe. Der Strand ist durch Wellenbrecher geschützt und eignet sich gut zum Baden. Zur Hochsaison stark besucht.

Playa de Puerto Naos · B 5

Zweitgrößter und beliebtester Sandstrand der Westseite, nahe dem Hotel Sol La Palma. Im Umkreis sind viele Bars und Restaurants angesiedelt. Meist gibt es nur wenig Strömung.

Playa de Tazacorte · B 4

Neben der Playa de Puerto Naos ist dies der größte Strand der Insel. Es geht lebhaft zu, und viele Lokale und Geschäfte liegen im Umkreis. Wellenbrecher schützen den nördlichen Teil des Strands. Im südlichen Abschnitt liegt der einzige offizielle FKK-Bereich La Palmas. Auch Liegen und Sonnenschirme sind in begrenzter Zahl kostenlos verfügbar.

2 ⭐ MERIAN Tipp

PLAYA DE LA VETA

Malerische Badebucht im Westen der Insel mit einigen Strandhütten, die nur zu Fuß oder per Boot erreichbar ist. Hierher kommen vor allem Einheimische, um an Wochenenden und Feiertagen zu entspannen. ▸ S. 15

Playa los Guirres · B 4

Der lange Strand, ehemals als Playa Nueva bekannt, ist bis auf das südliche Ende sehr steinig. Beliebt ist er vor allem bei jüngeren Einheimischen, aufgrund der Wellen auch bei Surfern. Im nördlichen Abschnitt ist sogar das Mitführen von Hunden gestattet. Seit 2013 gibt es an dem Strand auch eine Bar.

Playa Nogales · D 2

Ein wenig abgeschieden liegt dieser etwa 400 m breite, schwarze Sandstrand am Fuß einer hohen Klippe. Eine Steintreppe führt vom Parkplatz aus hinunter zum Strand. Schwimmen ist wegen der starken Strömung allerdings sehr riskant, und je nach Jahreszeit überspülen die Wellen bei Flut einen Großteil der Sandfläche.

Familientipps

La Palma ist kein klassisches Familienreiseziel. Dennoch gibt es einige Angebote auf der Insel, die Jung und Alt gleichermaßen begeistern dürften.

◄ Im Acropark (► S. 35) können Wagemutige ihre Grenzen ausloten.

Acropark Canarias　　📖 C 4

Seit 2011 gibt es diesen Hochseilgarten, der sich auf einer Fläche von über 12 000 m² erstreckt und spannende Routen für Kinder und Erwachsene bereithält. Leitern, Hängebrücken, schwingende Seile und Balanceakte aller Art in bis zu 7 m Höhe stellen Geschicklichkeit und Schwindelfreiheit der Besucher auf die Probe – natürlich stets gut gesichert. Die Lage des Acropark auf 1450 m Höhe stellt auch an die Kondition gewisse Ansprüche, und wer im Winterhalbjahr hierher kommt, sollte unbedingt warme Kleidung mitbringen. Der Hochseilgarten befindet sich übrigens nur 400 m vom **Refugio El Pilar** entfernt, einem beliebten Grill- und Picknickplatz, der vor allem am Wochenende von zahlreichen Familien mit Kindern aufgesucht wird.

Zufahrt von der LP-301, bei KM 7 (zwischen El Paso und San Isidro) • Tel. 6 74 04 15 17 • www.acropark.es • Mi–So 10–18 Uhr • Eintritt (3 Std.) 25 €, Kinder 8,50 €

Casa Federle　　► S. 61 südl. f 3

In dieser kleinen Ferienanlage mit zwei Apartments und einem frei stehenden Haus ist alles auf den Urlaub mit der ganzen Familie ausgelegt. Es gibt einen Spielplatz mit Baumhaus, einen beheizten Pool, eine Bio-Gartenanlage mit Hühnern, Tischtennisplatten und eine kleine Töpferwerkstatt. Familie Federle bietet außerdem einen Betreuungsdienst für den Nachwuchs an und unterstützt ihre Gäste mit Rat und Tat bei der Planung ihrer Unternehmungen

auf La Palma – in der Casa Federle wartet somit ein echtes Rundum-Sorglos-Paket.

Los Llanos, Camino Campitos 38 • Tel. 9 22 46 32 14 • www.casafederle-lapalma.com

Kamelreiten　　📖 C 6

Kamele wurden auf den östlichen Kanareninseln bereits im 16. Jh. als Lastentiere eingeführt, doch es dauerte vermutlich bis zum 19. Jh., ehe die Tiere ihren Weg nach La Palma fanden. Für den Güter- und Personentransport waren sie auf der Insel nie von großer Bedeutung, aber als Attraktion für Touristen erfreuen sie sich großer Beliebtheit. Am Besucherzentrum des Vulkans San Antonio können lohnende Ausritte durch die wüstenartige Landschaft gebucht werden. Eine vorherige Anmeldung ist erforderlich.

Fuencaliente, Calle los Volcanes • Tel. 9 22 33 35 09

Maroparque　　📖 D 3

Dieser kleine Zoo in Breña Alta beherbergt trotz seiner geringen Größe eine beträchtliche Vielfalt an Vögeln, Säugetieren, Fischen und Reptilien. Die Bandbreite reicht dabei von der gewöhnlichen Ziege bis zu bedrohten Spezies wie dem nur 20 cm großen Schwarzbüschelaffen. Ein besonderes Highlight des Parks und bei den Besuchern besonders beliebt ist das mächtige Nilkrokodil. Farbenprächtige Papageien, beeindruckende Reptilien und niedliche Affen kommen bei der ganzen Familie gut an, auch wenn erwähnt werden muss, dass die Haltungsbedingungen im Maroparque leider nicht immer die besten sind. Die naturgemäß eher geringen Besucherzahlen auf La

Palma bedeuten leider einen ständigen Geldmangel für den Tierpark, sodass nötige Renovierungen lange aufgeschoben wurden.
Breña Alta, Calle la Cuesta 28 • Tel. 9 22 41 77 82 • www.maroparque. es • Mo–Fr 11–17, Sa, So 11–18 Uhr • Eintritt 11 €, Kinder ab 3 Jahren 5,50 €

Delfine lassen sich vor La Palma relativ häufig beobachten (▸ S. 36).

Tauchen für Kinder   D 4

Die Tauchschule Buceo Sub La Palma bietet auch Tauchkurse und Schnuppertauchgänge für Kinder an. Ab acht Jahren können Kinder am Bubblemaker-Kurs teilnehmen, und ab zehn Jahren sogar an der Ausbildung zum Scuba Diver und Junior Open Water Diver. Voraussetzung ist, dass die Teilnehmer bereits ohne eine Schwimmhilfe schwim-

men können und keine gesundheitlichen Probleme bestehen. Die Tauchschule verlangt deshalb die Vorlage eines Gesundheitszeugnisses. Anzüge sowie Masken, Flaschen, Flossen etc. in Kindergrößen werden zur Verfügung gestellt.
Los Cancajos, H10 Costa Salinas Loc. 3 • Tel. 9 22 18 11 13 • www.4dive. org

Whalewatching   B 4

Vom Hafen in Tazacorte aus starten Whalewatching-Touren mit dem Katamaran »Fancy II«. In den beiden Rümpfen des Schiffs sind große Bullaugen untergebracht, sodass man die Meeresbewohner auch unter Wasser beobachten kann. Zur Auswahl stehen zwei unterschiedlich lange Touren: Die zweieinhalbstündige Nord-Safari führt zunächst an der Küste entlang und macht an verschiedenen interessanten Stellen wie der Cueva Bonita (die »schöne Höhle«) und der Piratenbucht Porís de la Candelaria halt. Der Ritt auf dem rasenden Bananenboot ist bei dieser Tour das Highlight für Kinder. Anschließend geht es hinaus aufs Meer zur Suche nach Walen und Delfinen. Wer größere Chancen auf die Sichtung von Meeressäugern haben will, bucht die vierstündige Safari-Route, die sich ganz der Beobachtung dieser beeindruckenden Meeresbewohner widmet. Getränke und Snacks bzw. ein Mittagessen bei der Safari-Route sind inklusive.
Puerto de Tazacorte • Tel. 6 09 53 13 76 • www.fancy2.com • Tickets 35 bzw. 45 €, Kinder 25 bzw. 20 €

🧑‍🧒 Weitere Familientipps sind durch dieses Symbol gekennzeichnet.

Erlesene

Auf den Spuren berühmter
Persönlichkeiten

Ziele

MERIAN

Die Lust am Reisen

Die faszinierende Cumbre Vieja (▶ S. 104), eine Vulkankette im Süden La Palmas mit zahlreichen erloschenen Kratern, zählt zu den beliebtesten Wanderrevieren auf der Insel.

Unterwegs auf **La Palma**

Duftende Pinien, dschungelartige Lorbeerwälder, karge Lavafelder
sowie bunte Städte und idyllische Dörfer – die kleine Insel La Palma
hat eine erstaunliche Vielfalt zu bieten.

Santa Cruz und der Osten

Die Insel zeigt sich an der Ostküste mit der Hauptstadt und dem Flughafen von ihrer geschäftigen Seite. Ein feuchtes Klima sorgt für eine üppige Vegetation.

◄ Drei Musikanten aus Bronze zieren die Plaza Vandale in der Altstadt von Santa Cruz (▸ MERIAN TopTen, S. 41)

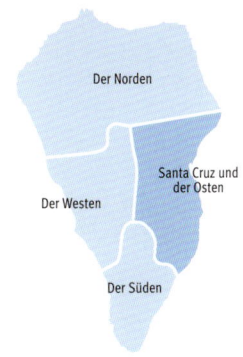

Wenn es auf La Palma so etwas wie Hektik gibt, dann ist sie am ehesten hier zu finden. Die Ostseite der Insel beherbergt nicht nur die Hauptstadt, den Frachthafen, den Flughafen und das Krankenhaus, sondern auch die meisten großen Geschäfte in relativ engem Umkreis um Santa Cruz. Gen Norden führen die Straßen jedoch schnell in dünner besiedelte, höhere Lagen, die vor Grün nur so strotzen, denn hier drückt der Nordostpassat fast das ganze Jahr über Wolken an den steil aufragenden Rand des gewaltigen Vulkankraters Caldera de Taburiente. Südlich der Hauptstadt findet man sich nach kurzer Fahrt in einer steppenartigen Landschaft mit schwarzem Lavagestein und gedrungenem Buschwerk wieder.

Santa Cruz de La Palma   📖 D 3

13 000 Einwohner
Stadtplan ▸ Klappe hinten
Die Hauptstadt La Palmas ist die größte Stadt der Insel und erstreckt sich entlang der Ostküste über ein Gebiet von nur etwa 2 km Länge und 400 bis 500 m Breite. Dass die Stadt also eher die Größe eines Dorfes hat, heißt jedoch keinesfalls, dass es hier wenig zu sehen gibt. Im Jahr 1493 auf einer ehemaligen Siedlung kanarischer Ureinwohner gegründet, beeindruckt Santa Cruz heute mit einer ganzen Reihe historischer Wohnhäuser, Kirchen und anderer Bauten, von denen die ältesten Mitte des 16. Jh. errichtet wurden. Wer die in der Südhälfte der Stadt mehrspurige beinahe großstädtisch anmutende

Hauptstraße verlässt, findet sich bald in beschaulichen kleinen Gässchen wieder, die von kleinen Cafés und Läden gesäumt werden. Hier zeigt sich schnell, dass hektisches Großstadttreiben einfach nicht dem palmerischen Geist entspricht. Es geht gemächlich zu, man kennt und grüßt sich und hat stets Zeit, mit Freunden oder Bekannten ein Pläuschchen zu halten. Und weil Santa Cruz klein genug ist, um die Stadt an einem Tag zu besichtigen, fällt es auch den Touristen nicht schwer, sich an das hiesige Tempo anzupassen. In aller Ruhe können sie zwei hochinteressante Museen und zahlreiche bauliche Zeitzeugen einer blühenden Epoche bewundern, in der La Palma für viele Handelsschiffe der letzte Halt vor der Überfahrt nach Südamerika war.

SEHENSWERTES
⭐ **Altstadt**   ▸ Klappe hinten, d 4/5
Die Altstadt von Santa Cruz besteht im Wesentlichen aus zwei parallel verlaufenden Straßen: Die Avenida Marítima zieht sich direkt am Meer entlang, und die autofreie Calle O'Daly, benannt nach einem einflussreichen irischen Kaufmann, verläuft einen Block weiter landeinwärts. Wer

über die **Calle O'Daly** spaziert, fühlt sich unmittelbar in die Blütezeit des Kolonialismus zurückversetzt. Die gepflasterte Straße ist zu beiden Seiten von gut erhaltenen Gebäuden aus dem 16. und 17. Jh. gesäumt.

 **MERIAN Tipp**

DÍA DE LOS INDIANOS

Beim alljährlichen größten Fest der Insel strömen Zehntausende in die Straßen von Santa Cruz und tauchen die ganze Stadt in weißes Puder. Mit viel Gesang und Tanz wird die Rückkehr der Auswanderer gefeiert, die in Südamerika einst großen Reichtum erlangt hatten.   ▸ S. 15

Auffälligste Merkmale der meist schmalen, aber drei- bis viergeschossigen Häuser sind die hölzernen Türen und Fenster in massiven Rahmen sowie schmale Balkone aus lackiertem Holz. Diese erstrecken sich meist über die ganze Breite der Hausfassade und oftmals über zwei Stockwerke. Da man hier im 16. Jh. keine Kellergewölbe aushob und erst recht keine Kühlschränke kannte, fanden die Palmeros eine andere Lösung für die Lagerung ihrer Lebensmittel: Die Balkone wurden auf der dem Meer abgewandten bzw. dem Berg zugewandten Seite angebracht und mit luftdurchlässigen Verkleidungen aus aufwendigen Holzgittern versehen. Auf diese Weise entstanden kühle Wirtschaftsräume, in denen ganztägig eine konstante Temperatur herrschte. Erst in späteren Zeiten begann man auch Balkone auf der Sonnenseite zu bauen, die anstatt der Holzgitter häufig mit

Sprossenfenstern versehen waren und damit eher dekorativen als praktischen Zwecken dienten.

Typische Beispiele dieser Balkone sind heute an der **Avenida Marítima** zu sehen, wo zahlreiche historische Gebäude erhalten geblieben sind. An der viel befahrenen Küstenstraße, die zum Teil als Hauptdurchgangsstraße von Santa Cruz dient, beherbergen die alten Häuser heute Ladengeschäfte sowie Cafés, Bars und Restaurants, die auf breiten Fußgängerwegen zum Flanieren und Einkehren einladen. Die meisten historischen Gebäude befinden sich im nördlichen Teil der Avenida zwischen den Querstraßen Avenida el Puente und Calle Baltasar Martín. In einem besonders schönen Exemplar, dessen Eingang in der Calle Jorge Montero liegt, ist übrigens das **deutsche Konsulat** untergebracht. Dort kann man werktags zwischen 10 und 13 Uhr auch einen Blick in das weitgehend unveränderte Innere mit einem für die Gegend typischen kleinen Innenhof werfen.

Casa Salazar   ▸ Klappe hinten, c/d 4
Zwischen den verputzten und gestrichenen Bürger- und Adelshäusern der Calle O'Daly sticht die sehenswerte Casa Salazar besonders hervor. Etwa zwischen 1631 und 1642 ließ der Ritter Don Ventura Salazar de Frías vom Orden von Calavatra dieses Herrschaftshaus mit einer Fassade aus Natursteinblöcken errichten – ein für die damalige Zeit sehr kostspieliges Unterfangen. Trotz des teuren Materials ist die Fassade von schlichter Eleganz geprägt. Der Prunk des Barock konnte sich auf La Palma nie wirklich durchsetzen, und so verzichtet selbst das schmiede-

Die charakteristischen Holzbalkone an den alten Bürgerhäusern in der Altstadt von Santa Cruz (▶ MERIAN TopTen, S. 41) lassen arabische Einflüsse erkennen.

eiserne Balkongeländer der Casa Salazar auf Verzierungen. Lediglich kleine Zugeständnisse an den barocken Stil lassen sich entdecken, z.B. die gedrehten Säulen und rosettenverzierten Friese, die den Eingang und den kleinen Balkon einrahmen, oder das darüber prangende Familienwappen. Auch im Innenhof mit seinen weißen Wänden und viel dunklem Holz setzen sich die klaren, eleganten Linien fort, die eher an den Stil der Renaissance erinnern. Heute beherbergt die Casa Salazar eines der staatlichen Kunst- und Handwerkszentren La Palmas, in dem regelmäßig Ausstellungen unterschiedlicher Art stattfinden. Auch Kunstgegenstände und Erzeugnisse aus traditioneller Handarbeit werden in der Casa Salazar zum Verkauf angeboten.
Calle O'Daly 22 • Juni–Nov. Mo–Fr 8–14 Uhr, Dez.–Mai Mo–Fr 10–13.30 und 17–19.30 Uhr • Eintritt frei

Castillo de Santa Catalina

▶ Klappe hinten, f 2

Nach einem verheerenden Überfall durch den Kaperkapitän François Le Clerc im Jahr 1553 beschlossen die Einwohner von Santa Cruz, ihre Stadt zu befestigen, was zunächst nur in Form eines Wehrturmes geschah. Der fiel jedoch 1671 einem großen Sturm zum Opfer, und so wurde 1676 mit dem Bau einer umfassenderen Wehranlage begonnen, zu der auch Geschützstellungen an anderen Küstenabschnitten der Insel zählten. Das Zentrum der Inselbefestigungen bildet die Verteidigungsanlage Santa Catalina in Santa Cruz. Sie ist heute neben einigen Resten des Castillo de la Virgen der einzige Teil der Befestigung, der in Santa Cruz erhalten geblieben ist.
Auffällig ist der Grundriss der Anlage mit pfeilförmigen anstatt runden Ecktürmen, der sich an erfolg-

Die gut erhaltene Mudéjar-Kassettendecke in der Iglesia El Salvador (▶ S. 44) ist mit aufwendigen Schnitzarbeiten versehen.

reichen italienischen Bauten jener Zeit orientiert. Das Castillo steht seit 1951 unter Denkmalschutz und kann seit Kurzem besichtigt werden. Doch auch ein Rundgang um die Mauern der Festung ist lohnend.
Calle del Castillete bzw. Avenida Marítima • Mo–Fr 10–14 Uhr • Eintritt frei

Iglesia El Salvador
▶ Klappe hinten, d 4
Gegenüber dem Rathaus erhebt sich an der Plaza de España die mächtige Iglesia El Salvador – die Erlöserkirche. Sie wurde ursprünglich Ende des 15. Jh. erbaut und ist das größte Renaissancegebäude auf den Kanaren. Im Jahr 1553 wurde sie während des Überfalls des Piraten François Le Clerc auf Santa Cruz beinahe vollständig zerstört. Der heutige Bau mit seinen drei Schiffen ist daher das Ergebnis mehrerer Renovierungs-

und Ausbauprojekte, die in den folgenden Jahren und Jahrzehnten durchgeführt wurden. Betrachtet man die Kirche von außen, fällt zunächst das 1585 errichtete Eingangsportal auf, das ungewöhnlich wenige Einflüsse aus maurischen, portugiesischen oder anderen Stilen aufweist, die sich ansonsten an den meisten historischen Gebäuden auf den Kanaren finden. Zu den eindrucksvollsten Elementen im Inneren der Kirche zählt sicherlich die aufwendige Kassettendecke. Sie trägt die Handschrift der Mudéjares – der Muslime, denen im Zuge der Reconquista das Bleiberecht im rückeroberten spanischen Territorium gewährt wurde. Die farbenfrohe Bemalung, in der sie sich heute präsentiert, wurde aber vermutlich erst gegen Ende des 19. Jh. aufgebracht. Sehenswert ist außerdem das 2012 restaurierte Altarretabel, das von

einem Gemälde des sevillanischen Malers Antonio María Esquivel (1806–1857) dominiert wird. Das Werk zeigt die Verklärung Christi auf dem Berg Tabor. Im südlichen Seitenschiff findet sich über dem zweiten Altar eine interessante Kreuzigungsgruppe in Lebensgröße, die etwa Mitte des 16. Jh. aus Flandern importiert wurde. Auf La Palma ist sie als »Cristo de los Mulatos« (Christus der Mulatten) bekannt, seit sich im Jahr 1708 eine Gruppe freigelassener farbiger Sklaven unter ihren Schutz stellte.
Plaza de España

Plaza de España ▶ Klappe hinten, d 4
Im Zentrum von Santa Cruz breitet sich die bezaubernde Plaza de España aus, deren Geschichte bis in die Gründungsjahre der Inselhauptstadt zurückreicht. Das schmucke Platzensemble birgt ohne Zweifel die größte Ansammlung architektonischer Perlen auf La Palma. Alle Gebäude, die die dreieckige Plaza zusammen mit der **Iglesia el Salvador** einrahmen, wurden im 16. Jh. im Rahmen des Wiederaufbaus der Stadt nach dem Angriff des Piraten François Le Clerc errichtet.
Das auffälligste Gebäude am Platz ist das 1567 eingeweihte **Rathaus**. Mit seinen acht Jahren Bauzeit galt es schon damals als eines der aufwendigsten und imposantesten säkularen Bauten der Insel. Auch heute präsentiert es sich als beeindruckendes Beispiel ziviler Renaissance-Architektur auf den Kanaren. Die Fassade wird im Erdgeschoss von einer hübschen vierteiligen Rundbogenarkade dominiert. Im Inneren des Gebäudes führt eine kunstvoll gearbeitete Kiefernholztreppe zum Sitzungssaal im

ersten Stock. Sehenswert sind außerdem die Gemälde des Malers Mariano de Cossió (1890–1960), die das Treppenhaus zieren. Sie zeigen Szenen aus dem Landleben auf La Palma zu Lebzeiten des Malers.
Einen Blick wert ist auch der **Brunnen** aus dem 16. Jh. am Rande des Platzes, der einst als zentrale Wasserquelle der Stadt diente, sowie die 1897 errichtete zentrale Statue des Pfarrers Manuel Díaz Hernández (1774–1863). Hernández gehörte zu den Vorkämpfern der spanischen Verfassung von 1920 und gründete eine Schule, die für Kinder aller sozialen Schichten zugänglich war.

Plaza de San Francisco
▶ Klappe hinten, e 2
Der trapezförmige, in zwei Ebenen angelegte Vorplatz des einstigen Franziskanerklosters diente in früheren Zeiten genauso wie heute als wichtiger Festplatz an christlichen Feiertagen. Vor allem endet hier die Prozession der **Bajada de la Virgen de las Nieves**, der Höhepunkt des wichtigsten kirchlichen Fests der Insel, das nur alle fünf Jahre gefeiert wird. An der Plaza de San Francisco befinden sich außerdem das ehemalige Franziskanerkloster **Convento de San Francisco de Asís** und die dazugehörige Klosterkirche, deren Grundstein 1508 gelegt wurde. Zu den Stiftern der Kirche gehörte unter anderem ein Kölner Kaufmann namens Jakob Grünenberg, der sich auf La Palma Jácobo de Monteverde nannte. Hinter dem barocken Hauptaltar der Kirche befindet sich eine kostbare spätgotische Statue der Jungfrau Maria aus dem 16. Jh. Das Klostergebäude beherbergt heute das interessante **Museo Insular**.

MUSEEN

Museo Insular　▶ Klappe hinten, e 2

In einem Teil des alten Franziskanerklosters an der Plaza de San Francisco ist heute dieses lohnende Museum untergebracht, das sich verschiedensten Themen rund um die Insel La Palma widmet. Die Ausstellungsräume verteilen sich über zwei Stockwerke rund um einen Innenhof. Im Erdgeschoss geht es vor allem um die Flora und Fauna der Insel sowie um die Geschichte ihrer Besiedlung und späteren Eroberung. In den Räumen zur Natur La Palmas werden Präparate typischer Land- und Meerestiere gezeigt (lediglich die zweiköpfige Ziege ist eine Ausnahmeerscheinung) sowie Proben verschiedener Gesteins- und Mineralienarten, die auf der Insel zu finden sind. In der historischen Abteilung sind archäologische Funde wie Schmuckstücke und Grabbeigaben der kanarischen Ureinwohner zu sehen, außerdem historische Schiffsmodelle, Zeichnungen und Gemälde. Im ersten Stock wartet eine Abteilung für Gemälde palmerischer Künstler. In einem weiteren Raum sind zahlreiche Alltagsgegenstände aus dem häuslichen Leben und der Landwirtschaft seit der Conquista versammelt. Und auch wenn es zu diesem Thema in El Paso ein eigenes Museum gibt, sind die Exponate zur Herstellung von Seide ebenfalls einen Blick wert.

Plaza de San Francisco 3 • Tel. 9 22 42 05 58 • Mo–Sa 10–19 Uhr • Eintritt 4 €

Museo Naval 👫　▶ Klappe hinten, e 1

Unweit des Castillo de Santa Catalina erhebt sich ein Modell in Originalgröße der berühmten »Santa María«, mit der Christoph Kolumbus im Jahr 1492 auf seiner vermeintlichen Indienreise den amerikanischen Kontinent erreichte. Im Inneren der bemalten Betonkonstruktion befindet sich ein kleines Schifffahrtsmuseum, das Museo Naval. Zwar setzte Kolumbus bei seinem Zwischenhalt auf den Kanaren keinen Fuß auf La Palma, doch das Museum hat trotzdem seine Daseinsberechtigung: Santa Cruz gehörte im 16. und 17. Jh. zu den bedeutendsten Häfen und Schiffbauzentren Spaniens. Ausgestellt werden im Erdgeschoss historische Navigationsinstrumente, Schiffsmodelle und Seekarten. Im Obergeschoss befindet sich eine Ausstellung mit präparierten Fischen sowie verschiedenen Fachbüchern über die Seefahrt. Das Oberdeck des Schiffsmodells kann ebenfalls betreten werden und bietet einen schönen Ausblick über die nähere Umgebung.

Avenida de las Nieves 1 • Mo–Fr 10–15 Uhr; bei Besuch von Kreuzfahrtschiffen auch Sa–So 10–14 Uhr • Eintritt 2 €, Kinder frei

SPAZIERGANG

Stadtplan ▶ Klappe hinten

Der Rundgang durch die Altstadt beginnt am südlichen Ende der Fußgängerzone, wo sich auf der großen Verkehrsinsel der gläserne Bau der **Touristeninformation** befindet. Spazieren Sie von hier aus in die verkehrsberuhigte Calle O'Daly. Nach etwa 150 m sehen Sie zu Ihrer Linken die herrschaftliche **Casa Salazar**. Biegen Sie dahinter links in die kleine Plaza mit dem begrünten Schattenspender ein, gehen rechts die Treppe hinauf und halten sich danach links. Nach einer weiteren Treppe erreichen Sie die Calle Vir-

Die Skulptur »El Enano de la Virgen« begrüßt die Besucher des Museo Naval (▸ S. 46), das in einem Nachbau von Kolumbus' Flagschiff »Santa Maria« untergebracht ist.

gen de la Luz, an der sich direkt links von Ihnen die **Plaza Santo Domingo** mit dem ehemaligen Dominikanerkloster erstreckt, das heute ein Gymnasium beherbergt. Vor der Plaza wenden Sie sich nach rechts und gehen die Calle Fernandez Ferraz hinauf, danach gleich wieder rechts in die schmale Calle Francisco Abreu und die erste wieder links. Jetzt geht es durch die Calle San Sebastian bergauf an altkanarischen Wohnhäusern vorbei. Nach einer Weile weicht der Asphalt einer zunehmend gröberen Bepflasterung, und die Straße

verengt sich, bis sie nach 200 m auf die quer verlaufende Calle Montecristo stößt. Biegen Sie rechts ein und folgen Sie der Gasse, die sich gleich wieder bergab und meerwärts wendet. Nach wenigen Metern folgt rechts ein Absatz, von dem aus eine Treppe in das kleine Gässchen Calle Huertas hinabführt, das links von kleinen Häuschen und rechts von einer Mauer gesäumt ist. Dort geht es wieder hinab, bis Sie an einer schön begrünten Hausecke auf die Calle Adolfo Cabrera Pinto stoßen. Überqueren Sie schräg rechts gegenüber die kleine Plaza San Sebastián und folgen Sie danach links der Calle van de Walle, die Sie direkt zur **Iglesia El Salvador** führt. Vor der Kirche geht es rechts hinab auf die Plaza España. Von hier aus biegen Sie links in die Calle O'Daly ein, überqueren die Avenida el Puente und erreichen zwei Minuten später die Placeta de Borrero mit dem sehr beliebten **Restaurant La Placeta**. Dem Wegweiser »Balcones Tipicos« folgend, geht es vor dem Restaurant rechts durch die kleine Gasse hindurch an die Avenida Marítima, wo Sie nun zu Ihrer linken eine besonders schöne Serie typisch kanarischer Holzbalkone sehen. Wenn Sie möchten, sind es von hier aus nach links noch ca. 400 m bis zum **Castillo de Santa Catalina**. Ansonsten geht es entweder die Avenida Marítima mit ihren vielen Cafés und Bars entlang oder durch die

Calle O'Daly zurück in Richtung Süden. Nach knapp zehn Minuten haben Sie dann wieder den Ausgangspunkt erreicht.
Dauer: 45 Min.

ÜBERNACHTEN
Casa San Sebastián

▶ Klappe hinten, c 4

Historisches Haus mit Flair • Liebevoll restauriertes Stadthaus aus dem 18. Jh. mit drei Ferienwohnungen. Fünf Minuten zu Fuß in die Altstadt, 15 Minuten zum Club Real Nautico, dessen Sauna und Pools Gäste der Casa kostenlos nutzen können.
Calle San Sebastián 28 • Tel. 9 22 43 06 25 • www.islabonita.es/de • 3 Ferienwohnungen • €€

El Galeón

▶ Klappe hinten, b 2

Modern in ruhiger Lage • Modernes Aparthotel am Stadtrand. Die er-

Die herrschaftliche Casa Salazar (▶ S. 42) mit ihrem idyllischen Innenhof ist ein Zeugnis des Reichtums vergangener Tage auf La Palma.

höhte Lage bietet tolle Ausblicke auf Meer, Stadt und Hafen. Gut ausgestattete Apartments zu angemessenen Preisen. Früh buchen empfiehlt sich, das Galeón ist äußerst beliebt. Carretera El Galeón 10 • Tel. 9 22 41 10 00 • www.hotelelgaleon.com • 25 Apartments • €€

Hotel San Telmo ▶ Klappe hinten, c 5
Mitten in der Altstadt • Kleines, modern ausgestattetes Hotel in altkanarischem Haus mit angeschlossenem Neubau. Nur zwei Minuten Fußmarsch trennen das San Telmo von der Calle O'Daly. Trotzdem sind die hellen, freundlichen Zimmer des Hauses sehr ruhig. Calle San Telmo 5 • Tel. 9 22 41 53 85 • www.hotel-santelmo.de • 8 Zimmer • €€

Castillete ▶ Klappe hinten, f 2
Aparthotel am Meer • Großes Hotel an der Avenida Marítima mit Studioapartments, Apartments und Doppelzimmern. Letztere bieten als einzige keinen Meerblick. Restaurant und Bar mit günstigem Frühstücksbuffet. Avenida Marítima 75 • Tel. 9 22 42 08 40 • www.hotelcastillete.com • 36 Studios, 3 Apartments, 3 Doppelzimmer • €

La Fuente ▶ Klappe hinten, e 3
Apartments mit Meerblick • Restauriertes altkanarisches Haus nur 50 m vom Meer entfernt. La Fuente verfügt über neun komplette Apartments – die oben mit herrlichem Meerblick. Die Besitzer sprechen deutsch und haben viele gute Tipps. Calle A. Pérez de Brito 49 • Tel. 9 22 41 56 36 • www.la-fuente.com • 9 Apartments • €

Pension la Cubana ▶ Klappe hinten, d 4
Zentral und günstig • Charmante Pension direkt in der Fußgängerzone Calle O'Daly. Der kanarische Altbau (1750 erbaut und 2006 renoviert) verfügt über zwei Etagenbäder. Die Zimmer sind recht einfach, aber teilweise mit schönen antiken Möbeln ausgestattet. Calle O'Daly 24 • Tel. 9 22 41 13 54 • www.pension-lacubana.com • 6 Zimmer • €

 MERIAN Tipp

EL CAFÉ DE DON MANUEL
Dieses elegante Café versteckt sich in einem gemütlichen Innenhof im Herzen von Santa Cruz. Das Don Manuel verwöhnt seine Gäste mit erlesenen Kaffeesorten und liebevoll präsentierten Süßspeisen. ▶ S. 15

ESSEN UND TRINKEN
Chipi-Chipi ▶ Klappe hinten, westl. a 3
Kanarische Hausmannskost • Ungewöhnlich gestaltetes Restaurant, in dem grober Naturstein und organische Formen dominieren. Auf der Karte findet sich typisch kanarische Kost mit viel Ziegen- und Schweinefleisch. Schön begrünter, windgeschützter Außenbereich. Calle Juan Mayor 42, Velhoco • Tel. 9 22 41 10 24 • Mo–Di und Do–Sa 12–17 und 19–23 Uhr • www.chipichipi.es • € 6 km westl. von Santa Cruz

La Lonja ▶ Klappe hinten, e 3
Lauschiges Ambiente • Sehr hübsches Restaurant im Herzen der Stadt mit freundlichem Service. Gemütliche Atmosphäre in einem klei-

nen, begrünten Innenhof. Zu empfehlen sind vor allem der frische Fisch, Steaks und die leckeren kanarischen Eintöpfe.
Avenida Marítima 55 • Tel. 9 22 41 66 93 • www.lalonjarestaurante.com • Mi–So 11–23, Mo 11–16 Uhr • €

MERIAN Tipp

RESTAURANTE ENRICLAI

Das vermutlich kleinste Restaurant der Insel gilt immer noch als Insider-Tipp und lockt mit hochwertiger Küche aus frischen Zutaten und mit familiärer Atmosphäre. Die Speisekarte bietet zudem eine breite Auswahl an vegetarischen Gerichten.   ► S. 16

EINKAUFEN

HierbaBuena   ► Klappe hinten, d 3
Dieser Naturkostladen ist inselweit bekannt. Angeboten werden nicht nur frisches Obst und Gemüse, sondern auch Brot, Eier, Honig, Tofu- und Sojaprodukte, verschiedene andere glutenfreie Lebensmittel, eine breite Auswahl an Kräutern und noch einiges mehr.
Calle Dr. S. Abreu 4 • Tel. 9 22 41 13 52 • www.hierbabuena.info • Mo–Fr 9.30–14 und 17–20, Sa 9–14 Uhr

La Molina Artesanía
► Klappe hinten, d 4
Gut sortierter Kunst- und Feinkostladen. Hier findet man Schmuck und Souvenirs von lokalen Künstlern und palmerische Spezialitäten wie Liköre, Weine, Kaffee, Tee und Zigarren. Eine kleine Kunstgalerie ist ebenfalls integriert.
Calle O'Daly 17 • Tel. 9 22 41 02 68 • Mo–Sa 9.30–20.30, So 9.30–14 Uhr

Mercado Municipal
► Klappe hinten, d 3
Die Markthalle von Santa Cruz beherbergt zwölf Stände mit Lebensmitteln, die ausschließlich von der Insel stammen. Obst, Gemüse, Fisch, Fleisch, Honig, Milchprodukte und auch Weine sind hier zu haben.
Avenida el Puente 16 • Tel. 9 22 41 00 40 • Mo–Fr 7–14, Sa 7–15 Uhr

AM ABEND
Bar el Negresco   ► Klappe hinten, e 3
Café und Bar mit ausgezeichneten Tapas. Der Wirt verwendet hochwertige Zutaten wie lokalen Käse und hat ein offenes Ohr für die Sonderwünsche seiner Gäste. An manchen Tagen gibt es auch Livemusik.
Calle Pérez de Brito 47 • Tel. 9 22 41 04 02 • Mo–Sa 8–24 Uhr

Tasca La Cuatro   ► Klappe hinten, c 5
Kleine, sehr beliebte Bar im Zentrum der Stadt, die vor allem von einheimischen Gästen frequentiert wird. Manche sagen, der Mojito sei der beste der Insel. Es werden auch Tapas, Hamburger und ähnliche Speisen serviert. Am Wochenende ist es hier oft voll.
Calle Blas Simón 4 • Tel. 9 22 41 16 08 • Mo–Sa 9–2 Uhr

SERVICE
AUSKUNFT
Touristeninformation
► Klappe hinten, c 5
Plaza de la Constitución • Tel. 9 22 41 21 06 • www.cit-lapalma.com • Mo–Fr 9–14 und 16.30–20.30, Sa 9–13 Uhr

POLIZEI
Guardia Civil   ► Klappe hinten, b 6
Calle Sebastián Arozena 2 • Tel. 9 22 42 53 61

An den Obst- und Gemüseständen des Mercado Municipal (▶ S. 50) nehmen sich die Einheimischen viel Zeit beim Einkauf.

VERKEHR
Busbahnhof   ▶ Klappe hinten, c 6
Avenida Los Indianos 3 • Tel. 9 22 41
44 43 • www.transporteslapalma.com

Flughafen   ▶ Klappe vorne, südl. c 6
Carretera La Bajita s/n • Tel. 9 13 32
11 00 • 8 km südl. von Santa Cruz

Taxistände
Avenida El Puente, Avenida Alvarez
de Abreu, Plaza de la Almeda •
Radio Taxi San Miguel: Tel. 9 22 41
60 70 (7–23 Uhr) bzw. 606 54 79 54
(23–7 Uhr)

Ziele in der Umgebung
◎ **Breña Alta**   ■ D 4
7300 Einwohner
Breña Alta ist die größere der beiden
Schwestergemeinden Breña Alta
und Breña Baja und befindet sich
nur wenige Kilometer südwestlich
von Santa Cruz auf einer Höhe von
etwa 400 m über dem Meeresspiegel.
Hier herrscht ein mildes, das ganze
Jahr über relativ feuchtes Klima.
Verantwortlich dafür ist der Passat-
wind, der fast immer weht und für
stetige Wolkenbildung sorgt. Vor der
Kolonisierung La Palmas weideten

Atemberaubende Blicke auf Santa Cruz und die Ostseite der Insel – der Mirador der la Concepción (▶ S. 52) ist besonders am Morgen einen Besuch wert.

in der Umgebung die Viehherden der Ureinwohner. Nach der Eroberung teilten wohlhabende kastilische Familien das Land unter sich auf und nutzten es fortan hauptsächlich für den Ackerbau. Im Vergleich zur Hauptstadt, die sich auf begrenztem Raum zwischen das Meer und einen Bergrücken zwängt, ist Breña Alta eher dünn besiedelt. Und die geringe Entfernung zu Santa Cruz macht die Gemeinde heute attraktiv für viele Einheimische, die in der Stadt arbeiten, aber etwas ländlicher leben möchten.

Der Nachbarort **Breña Baja** ist vor allem bekannt als Zentrum der Zigarrenherstellung. Im Ortsteil San Pedro haben gleich mehrere Manufakturen ihren Sitz. Dort werden die bei Tabakkennern beliebten »puros« aus palmerischem Tabak in Handarbeit gerollt.

10 km südwestl. von Santa Cruz

SEHENSWERTES
Los Dragos Gemelos
Abseits der Straße zwischen den Ortsteilen San Pedro und San Isidro befinden sich diese zwei gewaltigen, ineinander verwachsenen Drachenbäume. Sie sind über 15 m hoch, und ihre Stämme haben an der schmalsten Stelle einen Durchmesser von über 1,5 m. Genau lässt sich ihr Alter nicht festmachen. Schätzungen gehen von mindestens 300 Jahren aus.

Mirador de la Concepción
Dieser Aussichtspunkt bietet einen hervorragenden Blick auf Santa Cruz, den Hafen und das umliegende Küstengebiet. Von Santa Cruz kommend, nimmt man die Hauptstraße nach Los Llanos und biegt dann in Richtung Las Nieves ab. Nach etwa 300 m ist der Mirador ausgeschildert.

2,5 km westl. von Breña Alta

MUSEEN
Museo del Puro Palmero
Im Parque de los Álamos im Ortsteil San Pedro befindet sich das Zigarrenmuseum der Insel. Texte, Bilder und andere Exponate zeichnen in einem kleinen Gebäude die Geschichte der palmerischen Zigarre nach. Vor allem aber gehört das Museum zu einer aktiven Zigarrenmanufaktur, die nach wie vor produziert und im Rahmen von informativen Führungen besichtigt werden kann. Selbstverständlich kann man auch Zigarren erwerben.
Calle de la Habana / Calle 30 de Mayo • Tel. 9 22 42 95 67 • Di, Do 10–13, Mi, Fr 16–19, Sa, So 10–14 Uhr

ÜBERNACHTEN
Apartamentos Miranda
Moderne, gepflegte Anlage • Eher kleine, schöne und begrünte Apartmentanlage mit Swimmingpool. Modern eingerichtete Zimmer, deutschsprachige Leitung.
Carretera General el Zumacal 83 • Tel. 9 22 43 42 95 • www.apartments miranda.com • 8 Apartments • €€

Casitas Armary
Ruhige Lage zwischen Obstgärten • Kleine Anlage aus drei Ferienhäusern im kanarischen Stil. Schön angelegter Garten mit Meerblick. Die Verwaltung bietet an, weniger ortskundige Gäste am Hafen oder Flughafen abzuholen.
San Isidro, Camino La Cueva 7 • Tel. 636 34 63 85 • www.casitas armary.com • 3 Ferienhäuser • €€ 4,5 km südl. von Breña Alta

Finca Los Vientos
Landhaus-Flair • Renovierte Finca, in der auch die Besitzer wohnen.

Gäste residieren in einem separaten Häuschen oder kleinen Anbau. Rustikal aber geschmackvoll möbliert, moderne Badezimmer, toller Blick.
Las Ledas, Camino la Fuente 2 • Tel. 616 12 24 76 • www.fincalosvien tos.com • 2 Ferienwohnungen • €€ 3,6 km südl. von Breña Alta

ESSEN UND TRINKEN
Casa Osmunda
Für Genießer • Stilvoll eingerichtetes Restaurant in einem historischen Gebäude, das herzhafte, aber vergleichsweise leichte Küche auf hohem Niveau serviert. Im Angebot sind ausgewogene Menüs in verschiedenen Preisklassen. Sehr umfangreiche Weinkarte.
Subida a la Concepción 2 • Tel. 9 22 41 26 35 • casaosmunda.blogspot. com.es • Di–So 13–12 Uhr • €€

El Chinchal del Arco
Lockere Atmosphäre • Von außen scheint das kleine Restaurant nur eine Bar zu sein, doch hier wird palmerische Küche aufgetischt, professionell zubereitet und präsentiert. Die Bar ist bei Einheimischen beliebt, entsprechend locker und lebhaft ist die Atmosphäre.
Calle Atlántida 1 • Tel. 9 22 43 80 03 • Di–Sa 13–16 und 18–22, So 13–16 Uhr • €€

EINKAUFEN
Puros Artesanos Julio
Hier werden handgerollte Zigarren aus eigener Herstellung verkauft. Für die Produktion wird vornehmlich Tabak aus Breña Alta verwendet, im Falle der Sorte »Premium Breña« sogar zu hundert Prozent.
Calle Cabaiguán 14 • Tel. 9 22 42 93 48 • Mo–Fr 8–13 und 15–18 Uhr

Im Sommer hat man nur selten das Glück, an der Playa de Los Cancajos (▶ S. 54), einem bedeutenden Urlaubszentrum La Palmas, so wenige Badegäste vorzufinden.

◎ Los Cancajos ◼ D 4

700 Einwohner

Los Cancajos gehört zur Gemeinde Breña Baja und liegt etwa 3 km nördlich des Flughafens direkt an der Küste. Trotz ihrer wenigen Einwohner gehört die Ortschaft zu den wichtigsten Touristenzentren von La Palma und ist der beliebteste Badeort auf der Ostseite der Insel. Aufgrund ihres schnellen Wachstums fehlt ein Ortskern im herkömmlichen Sinne. Diese Rolle übernimmt hier der Apartmentkomplex »Centrocancajos« mit seinen Restaurants und Ladengeschäften am nördlichen Ortsrand, wo sich auch der Strand befindet. Ansonsten finden sich in Los Cancajos in erster Linie Hotels und Apartmenthäuser sowie Cafés, Bars und Restaurants. Am Strand, der zu den badefreundlichsten auf der Insel zählt, sorgen einige geschickt platzierte Wellenbrecher für ruhiges Wasser. Davon abgesehen hat Los Cancajos allerdings nur wenig zu bieten, auch wenn es eine brauchbare Busverbindung in die Hauptstadt gibt.

5 km südl. von Santa Cruz

ÜBERNACHTEN
Hacienda San Jorge
Gute Ausstattung im Grünen • Die einladende Apartmentanlage gehört zu den jüngsten in Los Cancajos und verfügt neben unterschiedlichen Pools und einem Restaurant auch über ein Fitnesscenter mit Sauna und einen Mini-Supermarkt. Viele Pflanzen und Bäume gedeihen auf dem gepflegten parkähnlichen Gelände der Anlage.
Playa de los Cancajos 22 • Tel. 9 22 18 10 66 • www.hsanjorge.com • 155 Apartments • ♿ • €€€

Taburiente Playa ♟♟
Komfort im Großhotel • Das etwas in die Jahre gekommene Taburiente Playa bietet alles, was zu einem weitläufigen Vier-Sterne-Hotel gehört: eine großzügige Poolanlage, einen Fitnessbereich mit Sauna, ein Restaurant sowie geräumige Zimmer, teilweise mit Meerblick. Autos können von den Gästen an der Rezeption gemietet werden.
Playa de los Cancajos • Tel. 9 22 18 12 77 • www.hotelh10taburiente playa.com • 293 Zimmer • ♿ • €€€

ESSEN UND TRINKEN
El Pulpo
Frischer Fisch am Strand • Einfach gehaltenes Restaurant in einem unscheinbaren Holzgebäude an der Playa Cancajos. Auf den Tisch kommen hervorragende frische Fischgerichte und hausgemachte rote Mojo, ansonsten ist die Küche im El Pulpo eher durchschnittlich. Dafür isst man hier vor wunderschöner Kulisse direkt am Strand.
Playa de los Cancajos • Tel. 9 22 43 49 14 • Do–Mo 12.30–16.30 und 17–21 Uhr • €€

Tasca Alavasca
Tapas und Spießchen • Das kleine Lokal an der Hauptstraße bietet eine große Auswahl unterschiedlichster Tapas. Empfehlenswert sind auch die leckeren Spießchen. Im Tasca Alavasca herrscht eine gesellige Atmosphäre, dafür sorgt nicht zuletzt die herzliche Wirtin.
Oasis de San Antonio L. 4 • Tel. 9 22 43 47 54 • Mo–So 12.30–16 und 18–22.30 Uhr • €

SERVICE
AUSKUNFT
Touristeninformation
Punta de la Arena 4 • Tel. 9 22 18 13 54 • www.lapalmacit.com • Mo–Fr 9–13.30 und 15–18, Sa 9–13 und 16–18, So und feiertags 9.30–14 Uhr

◉ Villa de Mazo (El Pueblo)   D 4
4900 Einwohner
Die Gemeinde Villa de Mazo gehört flächenmäßig zu den größten der Insel. Die Bevölkerung verteilt sich relativ gleichmäßig auf über ein Dutzend kleine Ortschaften. Wer von Mazo spricht, meint dabei allerdings meist El Pueblo (ca. 530 Einwohner), das etwa im Zentrum der Gemeinde liegt und auch das Rathaus beherbergt. Abgesehen von den Steuereinnahmen, die der Flughafen und die umliegenden Unternehmen einbringen, lebt Villa de Mazo hauptsächlich von der Landwirtschaft. Neben Obst und Gemüse werden in der Region auch Tabak, Oliven und Mandeln angebaut. Was die Gemeinde jedoch besonders macht, ist das traditionelle Kunsthandwerk, das in vielen Werkstätten lebendig ist. Schreiner, Töpfer und Stickereien

gehen in der Gemeinde ihrer Arbeit nach. Bis heute beherbergt Mazo eine große Zahl von Kleinbetrieben, deren Werke natürlich auch vor Ort erworben werden können. Dem hiesigen Handwerk der Stickerei ist sogar ein eigenes kleines Museum gewidmet.
11 km südl. von Santa Cruz

 MERIAN Tipp

CORPUS CHRISTI
Für das Fronleichnamsfest wird Villa de Mazo mit leuchtenden Teppichen, Wandbehängen und Torbögen aus Blumengeflechten geschmückt. In den Tagen rund um den Festtag werden in der Gemeinde zahlreiche Konzerte, Ausstellungen und Theatervorführungen veranstaltet. ▶ S. 16

SEHENSWERTES
Iglesia San Blas
Die hübsche Pfarrkirche San Blas befindet sich im Zentrum von El Pueblo und ist dank der guten Beschilderung leicht zu finden. Der stattliche Bau besteht aus einem Hauptschiff mit zwei Seitenschiffen und einem relativ zierlichen Turm. Das Mittelschiff des Baus soll bereits 1512 als Wallfahrtskapelle errichtet worden sein. Erst Jahrhunderte später wurde die Kirche dann um die beiden Seitenschiffe erweitert und erhielt damit ihre heutige Form. Wie bei den meisten historischen Gebäuden auf La Palma hielt man auch beim Bau der Iglesia San Blas trotz ihrer Entstehung in der Zeit des Barock an der nüchternen Formensprache der Renaissance fest. Einzig bei der Gestaltung des Altarretabels aus Mahagoniholz erlaubte

man sich ein gewisses Maß an Prunk und Verzierungen.
El Pueblo, Calle La Calzada • Öffnungszeiten unregelmäßig

Parque Arqueológico de Belmaco
Der archäologische Park 6 km südlich von El Pueblo mit der berühmten Höhle von Belmaco liegt einige Kilometer südlich von El Pueblo direkt an der LP-2, der Hauptstraße, die von Santa Cruz aus in den Süden führt und den Ort El Pueblo umgeht. Am südlichen Ende der Ortschaft Lomo Oscuro befindet sich talseitig der Parkplatz für den Park, leicht zu erkennen an den vier großen Fahnen. Im 18. Jh. wurden in der Höhle von Belmaco, die in den Zeiten vor der Kolonialisierung der Insel als Wohnbehausung diente, die ältesten Felsgravuren der Kanarischen Inseln entdeckt. Dieser Fund gab gewissermaßen den Startschuss für die Archäologie auf La Palma. Heute befindet sich hier ein Besucherzentrum mit einem kleinen Museum, das Reproduktionen von archäologischen Funden und fotografische Zeugnisse ausstellt. Außerdem wurde rund um die Höhle ein Lehrpfad mit vielen Informationstafeln angelegt. Zum Besucherzentrum gehört auch ein Ladengeschäft, das neben den üblichen Souvenirs auch dekoratives Kunsthandwerk und lokale Spezialitäten anbietet.
Lomo Oscuro, Lomo Oscuro 33 • Tel. 9 22 44 00 90 • Mo–Sa 10– 15 Uhr • Eintritt 2 €, Kinder 0,75 €

MUSEEN
Museo Casa Roja
Dieser wunderschöne, 100 Jahre alte Bürgerpalast mit seinem namensgebenden roten Anstrich beherbergt

Wie in einem Museum übernachten die Gäste in den mit Antiquitäten eingerichteten Zimmern der familiären Finca Arminda (▸ S. 57).

zwei separate Museen. Im Erdgeschoss befindet sich das **Fronleichnamsmuseum**, das die Tradition dieses bedeutenden katholischen Feiertags beleuchtet, der von der zum Teil strenggläubigen Bevölkerung La Palmas von jeher mit großem Aufwand begangen wurde.

In den Räumlichkeiten im Obergeschoss des Hauses ist das **Stickereimuseum** untergebracht. Hier werden traditionelle Stickereien und andere Textilarbeiten im palmerischen Stil ausgestellt. Beide Museen sind eher nüchtern gestaltet und wirken für heutige Verhältnisse etwas altbacken. Dennoch bietet sich den Besuchern hier eine der seltenen Gelegenheiten, einen Blick in die jüngere Kulturgeschichte La Palmas zu werfen.

El Pueblo, Calle Maximiliano Pérez • Tel. 9 22 42 85 87 • Mo–Sa 10–14 Uhr • Eintritt 1,50 €

ÜBERNACHTEN

Hotel Finca Arminda

Klein und individuell • Das wahrscheinlich kleinste Hotel der Ostseite liegt auf einer malerischen, restaurierten Finca inmitten exotischer Obstbäume. Sehr familiär – Eigentümerin Arminda kümmert sich persönlich um die Gäste.

Lodero, Lodero 181 • Tel. 9 22 44 04 11 • www.fincaarminda.es • 6 Zimmer • €€€

2 km östl. von El Pueblo

Casa Rural Celeste

Großes Ferienhaus • Schönes altkanarisches Landhaus mit farbenfroh gestrichenen Wänden und dunklen Holzdecken. Es gibt drei Schlafzimmer mit Doppelbett auf zwei Stockwerken. Herrlicher Ausblick.

El Pueblo, Camino La Alameda • Tel. 9 22 43 06 25 • www.islabonia.es • €€

Der Westen

Bananenplantagen überziehen das Aridanetal wie ein grüner Teppich. Jenseits des Tals scheint die Zeit oft stillzustehen, während an der Küste wichtige Touristenorte locken.

◄ Bei Sonnenanbetern hoch im Kurs: der schwarze Sandstrand von Puerto de Tazacorte (▸ MERIAN TopTen, S. 73).

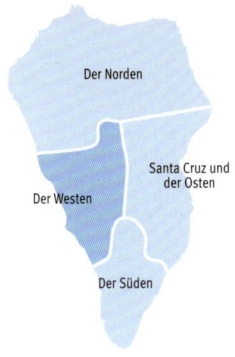

Noch vor wenigen Jahrzehnten war der Westen La Palmas ein weißer Fleck auf der touristischen Landkarte. Doch der Fremdenverkehr blüht hier mittlerweile ebenso wie im Ostteil der Insel und ist für manche Gemeinden sogar zur Haupteinnahmequelle geworden. An der Küste locken in Puerto Naos und Tazacorte die mit Abstand größten Strände der Insel. Los Llanos präsentiert sich heute geschäftiger als die Hauptstadt Santa Cruz, und auf Wanderer warten einmalige Ausflugsziele wie die Angustiasschlucht (▸ S. 100) oder der Gipfel des Vulkans Birigoyo (▸ S. 104). Wie auf der Ostseite wird auch hier die Vegetation karger, je weiter man nach Süden gelangt. Nördlich der Angustiasschlucht erstreckt sich eine grüne Berglandschaft mit verschlafenen kleinen Dörfchen.

Los Llanos de Aridane   B 4

20 500 Einwohner
Stadtplan ▸ S. 61

In der Gemeinde Los Llanos leben bereits seit 1990 mehr Menschen als in Santa Cruz, doch die Einwohnerschaft verteilt sich hier gleichmäßiger auf die einzelnen Ortschaften. Betritt man das Zentrum des Ortes Los Llanos (3600 Einwohner) hat man trotzdem den Eindruck, man befände sich in einer ausgewachsenen Stadt: Der Lärm der vierspurigen Hauptstraße hallt von den Häuserblocks wider, Autos stauen sich an roten Ampeln, und Scharen von Fußgängern bevölkern die Gehwege. Dabei wurde Los Llanos erst im Jahr

1812 gegründet und spielte bis Mitte des 20. Jh. kaum eine Rolle, auch wenn die Stadt zu einem kleinen Zentrum der Bananenwirtschaft avancierte, als die Briten 1896 mit dem Bananenanbau auf La Palma begannen. Seit 1950 hat sich die Einwohnerzahl der Gemeinde mehr als verdoppelt. Viele arme Familien zogen im Laufe der Jahre aus dem Norden der Insel hierher und erlangten dank des wirtschaftlichen Aufschwungs relativen Wohlstand. Die geringe Entfernung zur Küste und das milde Klima, das selbst im Januar oft für Temperaturen von über 25 °C sorgt, machen Los Llanos und seine Umgebung für Touristen attraktiv. Die relativ junge Stadt hat weit weniger historische Sehenswürdigkeiten als das über 500 Jahre alte Santa Cruz zu bieten. Dafür wartet Los Llanos mit vielen Geschäften, Bars und Restaurants auf, und es gibt sogar so etwas wie ein Nachtleben in dem Ort.

SEHENSWERTES

Iglesia Nuestra Señora de los Remedios   ▸ S. 61, c 2

Die dreischiffige Kirche stammt aus dem 16. Jh. und ist eine der größten der Insel. Wie die meisten Kirchen-

bauten auf La Palma ist sie im schlichten Rennaissance-Stil gehalten, aber mit einer aufwendigen Mudéjar-Kassettendecke verziert. Auf dem Hochaltar thront eine Statue der Señora de los Remedios, die auch die Schutzpatronin von Los Llanos ist.
Plaza de España

Palmex Cactus   ▶ S. 61, östl f 3
Dieser Kakteengarten zählt zu den größten Europas. Er wurde 1976 eröffnet und beherbergt mehr als 700 unterschiedliche Pflanzenarten. Für Hobbybotaniker ist ein Spaziergang durch diese Sammlung stacheliger Gewächse ein Muss. Besonders beeindruckend sind die mächtigen Säulenkakteen, die eine Höhe von bis zu 17 m erreichen können.
Tajuya, Calle Santa Ana 8 • Tel. 9 22 46 48 42 • Di–Fr 10–18, Sa 10–14 Uhr

Parque Antonio Gómez Felipe 👫   ▶ S. 61, südl. d 3
Im Süden der Stadt, an der Hauptstraße in Richtung Puerto Naos und Tazacorte, liegt dieser überschaubare, aber außergewöhnliche Park. Benannt nach einem Zahnarzt und Kunstsammler aus Los Llanos, wurde der Park 1958 eingeweiht und ab 1990 unter der Leitung des palmerischen Künstlers Luis Morera mehr als 20 Jahre lang umgestaltet. Besucher finden sich heute in einem spektakulären Skulpturenpark wieder, in dem jeder Schritt ein kleines Abenteuer ist. Zu bizarren Formen erstarrte Lavafelsen ergänzen sich zusammen mit endemischen Pflanzen zu fantastischen Skulpturen. Kunstvolle Mosaiken schmücken den Boden und zahlreiche Felsen, Tore überspannen den Weg, und mächtige, steinerne Eidechsen sonnen sich am Weges-

rand. Kinder und Erwachsene sind gleichermaßen begeistert.
Carretera Puerto Naos, gegenüber der Policía Local

Plaza de España   ▶ S. 61, c/d 2
Der Vorplatz der Kirche Señora de los Remedios bildet den Kern der Fußgängerzone von Los Llanos und ist ein beliebter Treffpunkt für Jung und Alt. Die drei Cafés oberhalb der Plaza laden an heißen Tagen dazu ein, im Schatten der über 100 Jahre alten Lorbeerbäume zu entspannen und bei einem Kaffee die Passanten zu beobachten. In der südwestlichen Ecke des Platzes befindet sich das Kulturzentrum **Casa de la Cultura**, in dem häufig Konzerte oder Kunstausstellungen stattfinden.

MUSEEN
Museo Arqueológico Benahoarita   ▶ S. 61, e 3
Das im Jahr 2010 fertiggestellte Museum widmet sich der Kultur der Ureinwohner La Palmas. Die permanente Ausstellung in dem modernen Bau erstreckt sich auf einer Fläche von 450 m². Zu sehen sind Töpferwaren, Werkzeuge und andere Alltagsobjekte der Benahoaritas sowie Abbildungen von Felszeichnungen. Texte und Bilder informieren über Alltag und Religion der Urbevölkerung sowie über ihre Methoden in Ackerbau und Viehzucht.
Calle las Adelfas 3 • Tel. 9 22 46 46 09 • Di–Sa 10–14 und 17–20 Uhr • Eintritt 4 €, Kinder frei

SPAZIERGANG
Stadtplan ▶ S. 61
Eine kurze Runde durch die Altstadt beginnt man am besten an der **Touristeninformation**, deren Eingang

Los Llanos de Aridane

In den engen Gassen der Altstadt von Los Llanos de Aridane (▶ S. 59) lässt sich das Alltagsleben der Inselbewohner beobachten.

an der Avenida Dr. Fleming an eine Miniatur-U-Bahnstation erinnert. Gehen Sie von hier aus nach Norden bis zur nächsten Kreuzung, in deren Mitte eine eiserne Skulptur des Künstlers Fernando Bellver steht. Der etwas abstrakt modellierte Kopf ist den Ureinwohnern der Insel gewidmet. Hier biegen Sie rechts in die **Fußgängerzone Calle Fernandes** Taño ab, vorbei an der Rückseite der Kirche. Die Straße, die später nur verkehrsberuhigt ist, führt nun leicht bergauf an schönen altkanarischen Wohnhäusern vorbei. Nach

etwa 500 m folgen Sie einer Einmündung nach rechts in die Calle Ramón y Cajal. Anschließend nehmen Sie die zweite Abzweigung wieder rechts, in die Calle Calvario, an deren Anfang eine Palme in einem großen, mosaikbesetzten Pflanzgefäß steht. Vorbei an verschiedenen Geschäften und einigen der ältesten Wohnhäusern der Stadt, geht es jetzt wieder ca. 350 m hinab, bis Sie an die **Plaza España** gelangen. Hier laden mehrere Cafés zum Verweilen im Schatten der alten Lorbeerbäume ein, und rechter Hand befindet sich

die sehenswerte **Kirche der Señora de los Remedios**, der Schutzpatronin von Los Llanos. Etwa 50 m weiter erreichen Sie dann wieder die Avenida Dr. Fleming an der Kreuzung mit der Touristeninformation.
Dauer: 20 Min.

ÜBERNACHTEN

Hotel Trocadero Plaza ▸ S. 61, d 2
Modern und komfortabel • Dieses relativ neue Hotel liegt nur etwa 150 m von der Plaza de España entfernt in einer ruhigen Seitenstraße. Moderne, helle Zimmer mit Klimaanlage, Internet und guter Schalldämmung. Wenige Parkplätze.
Calle las Adelfas 12 • Tel. 9 22 40 30 13 • www.hoteltrocaderoplaza. com • 18 Zimmer • €€

Hotel Valle Aridane ▸ S. 61, b 2
Einfach und zweckmäßig • Dies ist das größte Hotel in Los Llanos. Es hat etwas in die Jahre gekommene, aber gepflegte und gut ausgestattete Zimmer. Gut erreichbare, aber nicht sehr ruhige Lage an der Hauptstraße. Das Hotel bietet einen Fahrrad-Mietservice an.
Glorieta Castillo Olivares 3 • Tel. 9 22 46 26 00 • www.hotelvallearidane. com • 43 Zimmer • €€

Hotel Edén ▸ S. 61, d 2
Zentraler geht es nicht • Das Edén empfängt seine Gäste mitten in der Fußgängerzone an der Plaza de España. Das Gebäude ist schon etwas betagt – dafür ist die Lage am Puls der Stadt einmalig. Der Service im Café ist sehr freundlich. Vorsicht Autofahrer, es gibt keine Parkplätze.
Calle Ángel 1 • Tel. 9 22 46 06 98 • http://hoteledenlapalma.blogspot. de • 18 Zimmer • €

ESSEN UND TRINKEN

Alma Restaurante ▸ S. 61, d 2
Elegantes Ambiente • Ende 2014 neu eröffnetes, für palmerische Verhältnisse sehr vornehmes Restaurant. Auf der Karte stehen kreative Gerichte, die sehr ansprechend präsentiert werden. Auch die gut sortierte Weinkarte bietet etwas für gehobene Ansprüche.
Calle Real 25 • Tel. 9 22 46 47 11 • E-Mail: almarestaurante@outlook.es • Di–Sa 12–15 und 18–23, So 12–15 Uhr • €€€

Café Frida ▸ S. 61, d 2
Vom Feinsten • Kaum eine Konditorei auf La Palma erreicht die Qualität des Café Frida. Es lockt mit einer umfangreichen Frühstückskarte, Bio-Tee und -Kaffee, Kuchen und hausgemachtem Eis ohne künstliche Aromen. Außerdem gibt es verschiedene kleine warme Mahlzeiten.
Calle Calvo Sotelo 24 • Tel. 9 22 46 51 10 • www.frida-lapalma.com • Mo–Fr 11–18, Sa 9–16 Uhr • €€

El Hidalgo ▸ S. 61, e 2
Sehr gute Fleischgerichte • Stilvoll eingerichtetes Restaurant in altkanarischem Stadthaus, das für seine Gerichte vom Iberischen Schwein bekannt ist. Es stehen aber auch viele vegetarische Speisen zur Auswahl. Die Eigentümer sprechen deutsch.
Calle la Salud 21 • Tel. 9 22 46 31 24 • www.lapalma-hidalgo.com • Do–Di 12.30–23 Uhr • €€

La Vitamina ▸ S. 61, d 2
Unkonventionell vegetarisch • Das La Vitamina in der Fußgängerzone bietet eine große Auswahl kreativer, größtenteils vegetarischer Gerichte mit afrikanischen, asiatischen und

europäischen Einflüssen. Zu empfehlen sind auch die frischen Säfte.
Calle Real 29 • Tel. 9 22 46 31 49 •
Mo–Sa 11–22 Uhr • €€

MERIAN Tipp

CASA KIKO
Das kleine Restaurant an der Hauptstraße in La Laguna ist ein beliebter Treffpunkt der Anwohner und serviert palmerische Küche in hoher Qualität, 3 km südlich von Los Llanos. ▸ S. 16

La Luna ▸ S. 61, d 2
Küche, Kunst und Musik • Restaurant mit Bar in einem romantischen Innenhof. Serviert werden spanische Spezialitäten und zahlreiche Tapas. Dazu gibt es regelmäßig Lesungen und Konzerte lokaler Bands.
Calle Fernández Taño 26 • Tel. 9 22 40 19 13 • www.lalunalapalma.com • Mo–Sa 12–14 und ab 19 Uhr • €

EINKAUFEN
Artefuego 🎎 ▸ S. 61, westl. a 2
In seiner Glasbläserei bietet Dominic Kessler wunderschöne Glaskunst zum Verkauf an. Sonntags gibt es Vorführungen für die Besucher des Flohmarkts.
Argual, Plaza Sotomayor 29 • Tel. 6 99 74 51 53 • www.artefuego. com • Fr–Mi 10–14 Uhr

Mercado Municipal de Los Llanos
▸ MERIAN Tipp, S. 14

2 Rastro de Argual
 ▸ S. 61, westl. a 2
Auf dem bunten Wochen-Flohmarkt auf einem schönen Platz mit Schatten spendenden Bäumen in Argual,

einem Außenbezirk von Los Llanos, sind immer auch zahlreiche Stände von Gold- und Silberschmieden, Trödlern und Antiquitätenhändlern vertreten. Eine zuverlässige Quelle für Souvenirs mit Charakter.
Argual, Plaza Sotomayor • So 9–14 Uhr

AM ABEND
Er Sevillano ▸ S. 61, b/c 2
In dieser kleinen Tapas-Bar wird Eigentümer Ramón von Jung und Alt für seinen trockenen Humor geschätzt. Einheimische wie Zugereiste treffen sich im Er Sevillano bei Bier und Snacks zu günstigen Preisen.
Avenida Enrique Mederos 26 • Tel. 9 22 46 47 24 • tgl. 10–2 Uhr

La Gruta ▸ S. 61, c 2
Frische Säfte, Cocktails und Fastfood gibt es in dieser sympathischen Bar, in der gelegentlich auch Salsa-Abende stattfinden.
Avenida Carlos Francisco Lorenzo Navarro 19 • Tel. 9 22 07 75 44 • Mo–So 18–2 Uhr

SERVICE
AUSKUNFT
Touristeninformation
 ▸ S. 61, westl. a 2
Argual, Casa Massieu, Plaza Sotomayor • Tel. 9 22 40 18 99 • Winter Mo–Fr 8–15, Sommer 8–14 Uhr

VERKEHR
Busbahnhof ▸ S. 61, b 1
Calle Ramón Pol • Tel. 9 22 46 02 41 • www.transporteslapalma.com

Taxistände
– Avenida Dr. Fleming • Tel. 9 22 46 27 40
– Auto Taxi Oscar Rodríguez • Tel. 669 98 80 58 • Mo–So 6–23 Uhr

Auf dem Gipfel des Pico Bejenado in unmittelbarer Umgebung von El Paso (▶ S. 65) eröffnen sich weite Blicke über die Caldera de Taburiente.

Ziele in der Umgebung
◎ **El Paso**   📖 C 4

7900 Einwohner

El Paso ist, was die Fläche angeht, die größte der 14 Gemeinden von La Palma. Die Ortschaft El Paso selbst hat etwa 2000 Einwohner und liegt an der Verbindungsstraße zwischen Los Llanos de Aridane und der Hauptstadt Santa Cruz. Sie war einst der letzte Halt für Reisende vor dem Gebirgspass über den Sattel der Cumbre Nueva – bis zum Bau des ersten Tunnels, der heute für die schnellste Verbindung vom Aridanetal zur Hauptstadt sorgt. Von seiner ursprünglichen Nähe zur alten Reiseroute rührt auch der Name des Ortes: El Paso (der Pass). Davon abgesehen war die Stadt bis ins 19. Jh. hinein ein wichtiger Lieferant von zwei bedeutenden palmerischen Handelsgütern: Seide und rotem Farbstoff, der aus der Cochenille-

Schildlaus gewonnen wurde. Für die Zucht der Laus wurde im 16. Jh. eigens die ohrenförmige Opuntie eingeführt, die heute als Wildgewächs beinahe überall in der Umgebung anzutreffen ist. Beide Wirtschaftszweige kamen Ende des 19. Jh. zum Erliegen, doch die Seidenproduktion wird heute nicht zuletzt dank des Tourismus wieder in kleinem Umfang betrieben.

4 km östl. von Los Llanos de Aridane

SEHENSWERTES
Ermita Virgen del Pino

Diese stattliche Kapelle liegt etwas östlich von El Paso am ehemaligen Verbindungsweg zwischen der West- und Ostseite der Insel. Neben dem Kirchenbau steht eine gewaltige, über 30 m hohe Kanarische Kiefer, die mit etwa 800 Jahren die älteste Kiefer ihrer Art ist. Der Legende nach soll in diesem Baum zur Zeit

Das Museo de la Seda (▸ S. 67) in El Paso informiert über die Seidenraupenzucht auf der Insel. In der angeschlossenen Weberei gibt es Vorführungen.

der Conquista einem spanischen Soldaten ein Bild der Jungfrau Maria erschienen sein. Auf dieser Geschichte gründet auch der Name der Kapelle (»Kapelle der Jungfrau von der Kiefer«), die in ihrer heutigen Form erst seit 1930 existiert. Seit 1955 findet in El Paso alle drei Jahre die Bajada de la Virgen statt, ein sechs Wochen dauerndes Fest zu Ehren der Jungfrau Maria, dessen Höhepunkt eine feierliche Prozession ist, bei der die Marienstatue der Kapelle nach El Paso getragen wird. 4,5 km östl. von El Paso

Mirador de La Cumbrecita

Der rund 1280 m hohe Gebirgssattel der Cumbrecita kann vom etwa 10 km entfernten El Paso aus mit dem Auto angefahren werden und bietet nach einem kurzen Spaziergang auf ebenen, gut befestigten Wegen durch den Kiefernwald beeindruckende Ausblicke in den Talkessel der Caldera. Auch längere Wanderrouten haben hier ihren Ausgangspunkt, z.B. hinauf zum Pico Bejenado oder der Abstieg in die Angustiasschlucht (▸ S. 100). Letztere Route schließt jedoch einen

Klettersteig mit ein und ist nur für schwindelfreie, erfahrene Bergsteiger zu empfehlen. Die Zufahrt zur Cumbrecita erfolgt über eine Asphaltstraße, die direkt am Centro de Visitantes in El Paso in nördlicher Richtung abzweigt. In der Zeit zwischen 8.30 und 16 Uhr ist eine Voranmeldung erforderlich, da es nur eine kleine Anzahl von Parkplätzen gibt. Die Anmeldung kann online oder im Centro de Visitantes vorgenommen werden und ist kostenfrei. Carretera Cumbrecita • Tel. 9 22 92 22 80 • www.reservasparques nacionales.es

MUSEEN
Centro de Visitantes
Unmittelbar außerhalb von El Paso befindet sich das offizielle Besucherzentrum des Nationalparks **Caldera de Taburiente**. Das Gebäude an der Hauptstraße beherbergt ein Museum, das sich mit der geologischen und kulturellen Geschichte des Nationalparks und der Insel beschäftigt. Verschiedene Ausstellungsstücke, Schaubilder und Modelle dokumentieren die Entstehung des gewaltigen Kraters, die Flora und Fauna der Insel sowie das Leben und die gesellschaftliche Struktur der Ureinwohner La Palmas. Alle Texte und auch die Info-Broschüren sind mehrsprachig gehalten. Neben dem Museum gehören auch ein Infoschalter, ein Buchladen und eine Bibliothek zum Besucherzentrum. Carretera General de Padron 47 • Tel. 9 22 92 22 80 • tgl. 9–18.30 Uhr

Museo de la Seda
Das Seidenmuseum von El Paso dokumentiert die Geschichte der Seidenproduktion auf La Palma und

zeigt den Herstellungsprozess von der Zucht der Seidenraupe bis zum fertigen Produkt, einschließlich der Färbeverfahren mit Mandelschalen und anderen Hilfsmitteln. An manchen Tagen können Besucher die Produktion im Erdgeschoss auch live mitverfolgen. Ein kleiner Souvenirladen ist ans Museum angeschlossen. Calle Manuel Taño 6 • Tel. 9 22 48 56 31 • Mo–Fr 10–14 Uhr • Eintritt 2,50 €, Kinder frei

 ## FotoTipp

WOLKENWASSERFALL
Bei Passatwetter ergießen sich die Wolken von Osten her wie ein Wasserfall über die Vulkankette südlich der Caldera. Einen sehr guten Blick hat man vom Parkplatz des Mirador de la Cumbrecita. Nach Sonnenuntergang bei Vollmond ist das Schauspiel besonders beeindruckend. ▶ S. 66

ÜBERNACHTEN
Hacienda Centenaria
Ferienhäuser mit Charakter • Diese kreativ und kunstvoll eingerichteten Ferienhäuser stehen auf einem wildromantisch angelegten Grundstück und sind ideal für den Urlaub zu zweit. Gemeinsamer Pool, ansonsten gibt es keine besondere Ausstattung. Calle El Pilar 14 • Tel. 9 22 48 62 21 • www.lacentenaria.com • 3 Ferienhäuser • €€€

Apartments La Luna Baila
Gute Lage, guter Service • Modern und stilvoll eingerichtete Ferienhäuser auf einem weitläufigen Grundstück. Ruhige Lage direkt außerhalb

von El Paso. Highlights sind hier die Pools, ein Brötchenservice, ADSL und Trinkwasser aus der Leitung.
Tacande Abajo, Echedey 24 • Tel. 9 22 485 997 • www.lapalma-sonne.com • 4 Ferienhäuser • €€

ESSEN UND TRINKEN
🌿 Franchipani
Kreativ und bio • Modernes Restaurant, dessen sympathische Eigentümerin nach Möglichkeit nur Zutaten aus Bio-Anbau verwendet. Im Angebot sind Tapas, Küchenklassiker und erfrischende Eigenkreationen sowie eine gute Auswahl an vegetarischen Gerichten.
Carretera General Empalme Dos Pinos 57 • Tel. 9 22 40 23 05 • www.restaurante-franchipani.com • tgl. ab 17, So ab 13 Uhr, Mi. geschl. • €€€

La Perla Negra
Moderne europäische Küche • Kleines Restaurant mit einer überschaubaren, aber abwechslungsreichen Auswahl an modern komponierten Fleisch-, Fisch- und Gemüsegerichten. Sorgfältig auf die Speisen abgestimmte Weinkarte.
Calle Antonio Pino Pérez 12 • Tel. 9 22 48 58 81 • www.restaurante-la-perla-negra.com • Mo–Fr 17–22, So 13–22 Uhr • €€

Tasca Catalina
Tapas der Extraklasse • Restaurant im Finca-Stil mit Terrasse, das eine ungewöhnlich große Auswahl an hochwertigen Tapas bietet. Ansonsten gibt es verschiedene international inspirierte Eigenkreationen. Und die Aussicht über das Aridanetal ist einfach herrlich.
Calle Miramar 27 • Tel. 9 22 48 65 69 • Di–Sa 17–23 Uhr • €€

AM ABEND
Bar Central
Lebhaftes Restaurant mit Bar im Zentrum von El Paso. Auf der dazugehörigen Bühne finden regelmäßig Livekonzerte statt, gelegentlich gibt es auch Lesungen und Ausstellungen. Das Lokal ist offen für alle Stile, entsprechend vielfältig ist auch das Programm.
Calle Manuel Taño 9 • Tel. 9 22 48 59 03 • www.bar-central.com • Di–Sa 10–1.30, So 10–16 Uhr

SERVICE
AUSKUNFT
Touristeninformation
Calle Antonio Pino Perez • Tel. 9 22 48 57 33 • www.lapalmacit.com • Mo–Fr 9.30–17.30, Sa–So 10–14 Uhr

◎ El Remo 📕 C 5
Diese kleine Siedlung am Meer polarisiert Touristen genauso wie Einheimische. Wie auch in anderen Buchten La Palmas begannen einige Einwohner der Insel hier vor wenigen Jahrzehnten, einfache, private Ferienhäuser zu errichten – ganz ohne Baugenehmigung und Infrastruktur. El Remo ist zwar inzwischen als Dorf legalisiert, verströmt jedoch noch immer einen eigenwilligen Charakter. Die meisten Gebäude wirken eher provisorisch, viele sind in schlechtem Zustand. Wer El Remo besucht, besichtigt jedoch keine Armutssiedlung, auch wenn es mancherorts den Anschein hat. Der Ort ist vielmehr das Ergebnis vieler einzelner Hobbyprojekte, die mit unterschiedlichem Aufwand vorangetrieben werden. Diese auf das mitteleuropäische Auge etwas eigenartig wirkende Art zu bauen ist von La Palma nicht wegzudenken. Die

Eigentümer kommen am Wochenende oder in den Ferien zum Angeln oder Feiern hierher, und dabei spielt die Qualität der Unterkunft angesichts der Lage eine eher untergeordnete Rolle. El Remo gehört zu den wärmsten Orten La Palmas, und nirgends auf der Insel kann man so nah am Meer einen frischen Fisch genießen wie in den drei Lokalen am Ufer.
15 km südl. von Los Llanos de Aridane

ESSEN UND TRINKEN
Bar el Calamar
Einfach und günstig • Die spartanisch möblierte Bar liegt unmittelbar am Ufer. Wie alle drei »kioscos« bietet sie Meeresfrüchte und Klassiker wie Papas Arrugadas (»Runzelkartoffeln«), jedoch etwas günstiger als die Konkurrenz.
Calle Manuela Sotomayor • Tel. 9 22 40 80 61 • Do–Di 12–24 Uhr • €€

Kiosco 7 Islas
Restaurant am Meeresufer • Dieser Kiosk ist zu einem waschechten Restaurant mit schön gestalteter Terrasse herangewachsen. Auf den Tisch kommen hier frischer Fisch, Meeresfrüchte und schöne, üppige Salate, die auch als Hauptgang bestellt werden können.
Calle Manuela Sotomayor • Tel. 608 58 33 51 • Mo-Sa 12-22 Uhr • €€

Kiosco Aterure
Urige Atmosphäre • Dieser Kiosk am Meer wird von einer über 70-jährigen Dame geführt, deren etwas ruppiger Charme viele Stammgäste anzieht. Im Angebot ist hier natürlich frischer Fisch, aber es gibt auch Meeresfrüchte und klassische palmerische Beilagen.
Calle Manuela Sotomayor • Tel. 9 22 40 84 02 • Mi–Mo 12–22 Uhr • €€

Frischen Fisch entspannt genießen mit dem Salzgeruch des Meeres in der Nase im Kiosko 7 Islas (▶ S. 69) in El Remo.

◎ **Las Manchas** 📖 C 4

1548 Einwohner

Diese Region im Süden des Aridanetals umfasst mehrere kleine Dörfer mit unterschiedlicher Gemeindezugehörigkeit und ist vor allem als Weinanbaugebiet bekannt. Die Reben werden hier kurz gehalten und ranken, vor den starken Winden durch kleine Mauern geschützt, über den steinigen Boden. Optisch markantestes Merkmal der relativ kargen Zone ist der mehrere Hundert Meter breite erstarrte Lavastrom, der dem Ausbruch des Vulkans San Juan im Jahr 1949 entstammt und Las Manchas von Osten nach Westen durchzieht. Was die geografische Lage angeht, bietet Las Manchas einen ausgewogenen Kompromiss aus ruhiger, ländlicher Gegend und Nähe zur Stadt bzw. zum Meer. Entsprechend breit ist in der Umgebung das Angebot an Ferienhäusern.

8 km südöstl. von Los Llanos de Aridane

SEHENSWERTES
Cueva de las Palomas

Bei Vulkanausbrüchen kommt es häufig vor, dass der Lavastrom zwar oberflächlich erstarrt, jedoch unterirdisch noch weiterfließt und nach dem Erkalten teils meterhohe Röhren hinterlässt. Meist stürzen diese Hohlräume jedoch relativ schnell wieder ein, daher ist die **Lavaröhre** in Las Manchas, die von Ortsansässigen wegen ihrer geflügelten Bewohner Cueva de las Palomas (»Taubenhöhle«) genannt wird, mit ihren 600 m Länge auf La Palma einmalig. Der östliche Zugang zur Röhre befindet sich dort, wo sich die Verbindungsstraße zwischen Todoque und San Nicolás durch das Lavafeld nach

oben schlängelt. Ein Besucherzentrum befindet sich noch im Bau, und der schwer erkennbare Zugang ist am besten per GPS zu finden (N 28° 36.083', W 17° 53.454') Besucher sollten unbedingt festes Schuhwerk mitbringen.

Plaza de La Glorieta 🧍🧍

In den 1990er-Jahren entwarf der Künstler Luis Morera diesen sehenswerten Dorfplatz, dessen Bau ursprünglich in Los Llanos de Aridane geplant war, dann jedoch im Ort **Las Manchas de Abajo** verwirklicht wurde. Etwa drei Jahre lang gestaltete Morera Bänke, Skulpturen und Pflanzgefäße und verzierte den gesamten Boden des Platzes mit aufwendigen Mosaiken. Aufgrund ihrer denkbar ungünstigen Lage in einem kleinen Dörfchen herrscht auf der Plaza de La Glorieta leider nur relativ wenig Betrieb. Trotzdem bereitet es vor allem Kindern großen Spaß, die unzähligen Details des hübschen Platzes zu entdecken.

MUSEEN
Museo del Vino

Das lohnende Weinmuseum bietet interessierten Besuchern zu einem günstigen Eintrittspreis umfassende Einblicke in die Geschichte und die Eigenheiten des Weinanbaus auf La Palma – von den Anfängen im frühen 16. Jh. bis zu den heutigen hochmodernen Produktionsmethoden, dank derer die palmerischen Weine regelmäßig internationale Preise einheimsen. Zwei kostenlose Weinproben sind im Eintrittspreis enthalten.

Las Manchas de Abajo, Camino el Callejón 88 • Mo–Fr 9.30–13.30, Sa 9.30–14 Uhr • Eintritt 1,50 €

Die ganze Nachbarschaft half mit, als der Künstler Luis Morera die Plaza de la Glorieta (▶ S. 70) in Las Manchas de Abajo gestaltete.

ÜBERNACHTEN

Casa Alegría

Barrierefrei logieren • Hier werden ein großes Ferienhaus mit drei Schlafzimmern sowie ein kleines für maximal zwei Personen auf einem großen Grundstück vermietet. Beide sind modern und rollstuhlgerecht gestaltet. Eine Seltenheit: Zentralheizung.
Las Manchas de Abajo, Camino Real • Tel. 0 75/42 79 11 (in Deutschland) • www.lapalmahaus.de • ♿ • €€€

Finca Musica

Idyllisch rustikal • Erst 2006 wurde diese Finca mit Innenhof restauriert. Die Ausstattung ist einfach und stilvoll. Herrlicher Ausblick, ruhige Alleinlage auf einem begrünten Grundstück inmitten von Weinfeldern.
Las Manchas de Abajo, Camino Tamanca 39 • Tel. 01 57/88 46 90 80 (in Deutschland) • www.casa-lapalma. de • 1 Ferienhaus • €€€

Finca El Horizonte

Fantastischer Ausblick • Aufwendig restaurierte Finca mit moderner Einrichtung auf einem 4000 m² großen Grundstück. Dank der Alleinlage bietet die Terrasse ungehinderte Ausblicke auf das Meer und die Vulkanlandschaft.
Las Manchas de Abajo, Camino el Callejón • Tel. 9 22 46 37 29 • 1 Ferienhaus • €€

ESSEN UND TRINKEN

Bodegón Tamanca

Speisen in einem Weinkeller • Dieses hauseigene Restaurant der Weinkellerei Bogas de Tamanca S.L. bietet palmerische und internationale Küche im Ambiente einer in den Fels gehauenen Höhle. Die Spezialität des Hauses ist »morcilla«, eine Blutwurst.
San Nicolás, LP-2 • Tel. 9 22 49 41 55 • E-Mail: Bodegas_Tamanca@hotmail. com • €€

◎ **Puerto Naos** 📖 B 4
900 Einwohner

Dieser Ort, der bis in die 1970er-Jahre hinein nur ein kleines unbedeutendes Fischerdörfchen war, gilt heute als eines der beiden Haupt-Tourismuszentren der Insel. Gemessen an der tatsächlichen Einwohnerzahl verfügt der Ort, der sich über einen Hang bis ans Meeresufer ausbreitet, über ein verhältnismäßig großes Angebot an Apartmenthäusern, Bars und Restaurants. In Puerto Naos befindet sich außerdem eines der größten Hotels und der längste Strand La Palmas. Letzterer wurde mit der blauen Flagge ausgezeichnet und bietet sehr gute Bedingungen für gefahrloses Baden. Zudem wurde 2014 eine parallel zum Ufer verlaufende Straße entfernt und stattdessen eine ausladende Promenade angelegt. Wo zuvor Lärm und Abgase störten, kann man nun entspannt in einem Café sitzen und herrliche Sonnenuntergänge über dem Meer genießen.

6 km südl. von Los Llanos de Aridane

MUSEEN

🍃 **Ecofinca PlatanoLógico** 👨‍👧

Die kontrolliert biologische Bananenplantage kann nach Vereinbarung besichtigt werden. Es wird eine geführte Tour durch die Finca veranstaltet, auf der die Besucher ausführlich und detailliert über den für La Palma so wichtigen Bananenanbau informiert werden. Natürlich gibt es auch Kostproben der ausgezeichneten Bio-Bananen. Interessant für Kinder ist der Besuch bei den Schafen, Hühnern und dem Esel, die ebenfalls auf der Finca leben.

Carretera Pto. Naos-El Remo 20,
Tel. 679 99 93 43

Auch für Kinder zum Baden geeignet: der 500 m lange Sandstrand von Puerto Naos (▶ S. 72). Die zahlreichen Bars an der Uferpromenade erfreuen die Großen.

ÜBERNACHTEN
Hotel Sol La Palma 🏨🍴
Hotel mit viel Unterhaltung • Dieses leider etwas in die Jahre gekommene Vier-Sterne-Hotel thront auf einer Klippe am Meeresufer. Das Service-Angebot ist groß: z.B. Friseursalon und Sauna, außerdem Kinderbetreuung. Hohe Preise für WLAN und Getränke.
Punta del Pozo 24 • Tel. 9 22 40 80 00 • 308 Zimmer • €€€

Villa Carlos
Bungalow-Tipp am Meer • Ferienhausanlage auf einer Klippe am Ufer. Kaum ein Ferienhaus liegt näher am Meer. Die Einrichtung ist geschmackvoll und modern, der Besitzer spricht deutsch. Es sind nur 200 m zum schönen Strand Charco Verde. Buchung nur übers Internet.
LP-213 • www.isla-lapalma.com • 6 Bungalows • €

ESSEN UND TRINKEN
Playa Chica
Meeresfrüchte am Strand • Beliebtes Restaurant direkt neben dem Zugang zum Strand. Die Terrasse bietet freien Blick aufs Meer. Auf der Speisekarte finden sich größtenteils Fisch und Meeresfrüchte.
Paseo Marítimo 1 • Tel. 9 22 40 84 52 • tgl. 12–23 Uhr • €€

AM ABEND
El Bucanero
Diese Bar ist ein Unikum, nicht zuletzt wegen ihrer Eigentümerin Lali. Schrill gekleidet und immer entspannt, bedient sie ihre Gäste. Es gibt Cocktails, Eiskaffee, Sandwiches, Kuchen. Gelegentlich Livemusik.
Paseo Marítimo 23 • Tel. 6 63 84 80 08 • Di–So 10–2, Mo 14–2 Uhr

SERVICE
AUSKUNFT
Touristeninformation
Avenida Puerto Naos • Tel. 6 18 85 65 16 • www.lapalmacit.com • tgl. 9.30–14, Mo–Fr 16–18 Uhr

◎ Puerto de Tazacorte ③ B 4
4800 Einwohner
In der Bucht vor diesem Ortsteil vom Hauptort Tazacorte begann 1492 die spanische Eroberung La Palmas. Heute gehört er wegen seines großen Strandes, der im nördlichen Abschnitt durch eine Mole vor gefährlichen Strömungen geschützt ist, zu den wichtigsten touristischen Zielen der Westseite. Hier kann man herrliche Strandtage verbringen, direkt am Meer essen, in den Schmuckläden stöbern oder eine kurze Wanderung zu den historischen Wohnhöhlen in der Klippe unternehmen. Vom Hafen aus starten zudem verschiedene hochinteressante Bootstouren, und auch das nur gut 2 km entfernte Dorf Villa de Tazacorte ist mit seinen engen Gassen und Gebäuden aus der Kolonialzeit einen Blick wert.
7,5 km von Los Llanos de Aridane

SEHENSWERTES
Mirador el Time
Fährt man von Puerto de Tazacorte aus nach Norden, durchquert man zunächst die Angustiasschlucht. Auf der nördlichen Seite, nach ca. 8 km oben angekommen, befindet sich zur Linken das **Café el Time** mit großem Parkplatz und einem beeindruckenden Ausblick über das gesamte Aridanetal und einen Teil der Caldera. Die Zeit, diese Aussicht bei einer Tasse Kaffee oder einem Barraquito zu genießen, sollte man sich

unbedingt nehmen. Ein Fernrohr für die nähere Betrachtung der Landschaft ist vorhanden.
LP-1

Santuario de Nuestra Señora de las Angustias

Diese Kirche steht in der Angustiasschlucht gleich an der Hauptstraße von Los Llanos nach Tijarafe und ist vor allem wegen der großen Yacaranda-Bäume sehenswert, die zu beiden Seiten der Kirche wachsen. Sie stehen ab ca. Mitte Mai in prachtvoller, blau-violetter Blüte und bilden einen wunderschönen Kontrast zum weißen Kirchengebäude mit seinen schwarzen Ecksteinen.
LP-1, an der Abzweigung in Richtung Puerto de Tazacorte

Whalewatching mit der »Fancy II«

▶ Familientipps, S. 36

Wohnhöhlen von el Time

Von Puerto de Tazacorte aus führt ein schöner Fußweg an der nördlichen Wand der Angustiasschlucht aufwärts. Man findet ihn, wenn man von der Avenida el Emigrante aus rechts am Kiosco Teneguía vorbeigeht. Entlang dieses Weges ist der Fels von einer Reihe kleinerer und größerer Höhlen übersät, die noch bis in die 1940er-Jahre einigen Familien des Dorfes als reguläre Behausung gedient haben sollen. Etwa ab der Jahrtausendwende machten es sich jedoch Aussteiger aus aller Welt darin gemütlich. Viele Musiker und Künstler ließen sich hier inspirieren, um anschließend abends an der Uferpromenade zu musizieren oder ihre Waren zum Verkauf anzubieten. Nach einigen Unfällen wurden die Höhlen 2013 mit Gittern verschlossen, und es gibt Pläne, sie zu einer Art Museum umzugestalten, in dem vor Ort gezeigt werden soll, wie einst die Ureinwohner La Palmas lebten.
Avenida el Emigrante

ÜBERNACHTEN

Hotel Hacienda de Abajo
Wohnen wie ein König • Dieses Hotel residiert in einem 2011 restaurierten Gutshof aus dem 17. Jh. Das ganze Gebäude ist prunkvoll eingerichtet mit vielen barocken Möbeln, Gemälden etc. Die großen Zimmer erinnern tatsächlich an die Gemächer eines Palastes.
Villa de Tazacorte, Calle Miguel de Unamuno 11 • Tel. 9 22 40 60 00 • www.hotelhaciendadeabajo.com • 32 Zimmer • €€€€
2,5 km südöstl. von El Puerto

Piso Maisonette
Stadtwohnung am Meer • Einfache, aber geschmackvolle kleine Wohnung auf zwei Etagen – unten Wohnküche, Bad und Schlafzimmer, oben Wohnzimmer und Dachterrasse mit Meerblick. Nur 50 m zum Strand.
Puerto de Tazacorte, Calle Trasera 5 • Tel. 9 22 48 01 62 • www.la-palmatourismus.com • €€€

 **FotoTipp**

DIE ARKADEN IM HAFEN VON TAZACORTE

Direkt hinter der Mauer der Hafenmole verläuft ein Fußweg, den auf der Landseite 30 Bögen in gleichmäßigen Abständen überspannen. Wenn die Bögen in der Morgensonne ihre Schatten an die Mauer werfen, lassen sich herrliche Fotos machen. ▶ S. 75

ESSEN UND TRINKEN
Carpe Diem
Delikat und mediterran • Kleines Restaurant im Dorf von Tazacorte unter deutscher Leitung. Die Speisekarte ist übersichtlich, die Speisen dafür qualitativ umso hochwertiger und trotzdem günstig.
Villa de Tazacorte, Calle Nueva 16 • Tel. 9 22 48 02 35 • €€
2,5 km südöstl. von El Puerto

Il Tramonto
Bester Italiener der Insel • Die Lage des Il Tramonto an einer stark befahrenen Straße ist zwar wenig attraktiv, dafür genießt die Küche einen hervorragenden Ruf – besonders aufgrund der wunderbaren Pizza. Der Service ist außerdem ausgesprochen freundlich.
Avenida el Emigrante 3 • Tel. 9 22 48 04 47 • tgl. 11–23 Uhr • €€

Taberna del Puerto
Hübsche Terrasse am Strand • Das wohl am geschmackvollsten eingerichtete Restaurant im Hafenviertel bietet sehr schöne Sitzmöglichkeiten im Freien. Serviert werden leckere kanarische Küche und zahlreiche Fischgerichte. Die sehr guten Mojos sind Pflicht.
Plaza Castilla • Tel. 9 22 40 61 18 • tgl. 11–23.30 Uhr • €€

EINKAUFEN
Arte Lava
Das Kunsthandwerks- und Souvenirgeschäft im Hafenviertel verkauft die Werke verschiedener Künstler, unter anderem erlesene Stücke der Designerin Iris Reichelt.
Calle el Puerto 6A • Tel. 9 22 48 00 16 • artelava@gmail.com • Mo–Fr 11–20, Sa, So 15–20 Uhr

Volcán Verde
In seiner Werkstatt verbindet der Goldschmied Frank Hofmeister das schwarze Vulkangestein La Palmas mit Silber, Gold und Edelsteinen zu eleganten Schmuckstücken. Auch individuelle Anfertigungen nach Kundenwunsch.
Villa de Tazacorte, Calle Ángel 4 • Tel. 9 22 48 09 43 • www.volcan-verde.com • Mo–Sa 10–14 Uhr
2 km südöstl. von El Puerto

Schattenspiel im Licht der Morgensonne: die Arkaden von Tazacorte (▶ S. 74).

SERVICE
AUSKUNFT
Touristeninformation
Villa de Tazacorte, Calle Isidro Guadalupe 2 • Tel. 9 22 48 01 51 • E-Mail: turismo@tazacorte.es • Dez.–Mai: Mo–Fr 9.30–13, Sa 15.30–19.30 Uhr, Juni–Nov.: Mo–Fr 10–13.30 und 16–18 Uhr
2 km südöstl. von El Puerto

Der Süden

Lavagestein und Buschwerk beherrschen das Bild im dünn besiedelten Süden La Palmas. Die von Vulkanausbrüchen geformte Landschaft ist zum Teil erst wenige Jahrzehnte alt.

◄ In den Salinas de Fuencaliente (▶ MERIAN TopTen, S. 81) wird auf traditionelle Weise Meersalz gewonnen.

Je weiter man nach Süden gelangt, desto deutlicher wird der vulkanische Ursprung der Insel, denn die Vulkane hier sind wesentlich jünger als die Insel selbst und waren teilweise noch bis ins 20. Jh. aktiv. Entsprechend karg und schroff ist die Landschaft, und nur wenige spezialisierte Pflanzenarten können in dem heißen, trockenen und windigen Klima überleben. Die Südspitze der Insel gibt es in ihrer heutigen Form erst seit dem Ausbruch des Teneguía im Jahr 1971. Die kahlen, leblos wirkenden Gebiete mit ihren Lava- und Sandflächen bieten einen beeindruckenden Anblick und muten mancherorts wie Landschaften fremder Planeten an. Auch bei Besuchern erfreut sich der Süden La Palmas wachsender Beliebtheit, und mittlerweile ist die touristische Infrastruktur im dünn besiedelten Süden relativ gut.

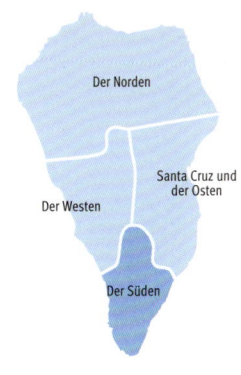

Los Canarios
📖 C 6

700 Einwohner

Das Dorf Los Canarios, das am südlichsten Punkt der Hauptstraße LP-2 liegt, ist der wichtigste Ort der insgesamt etwa 1700 Einwohner starken Gemeinde Fuencaliente. Er liegt auf ca. 700 m Höhe in einem der wichtigsten Weinanbaugebiete der Insel. Die Weinbauern von Fuencaliente gehören der inselweiten Genossenschaft Llanovid an und produzieren einen erheblichen Teil der Trauben La Palmas, vor allem die Sorte Malvasía. Genau wie in Las Manchas wachsen auch hier die Reben dicht am Boden auf Feldern, die von niedrigen Mauern umschlossen sind.

Der Name Fuencaliente geht auf eine heiße Quelle (»fuente caliente«) zurück, die beim letzten Ausbruch des San Antonio 1677 verschüttet und erst 2005 am heutigen Strand **Playa Echentive** wiederentdeckt wurde. Erst 2014 wurde beschlossen, dort ein Thermalbad zu errichten, das sich aber derzeit noch in der Planungsphase befindet. Das Hauptaugenmerk der Touristen in Los Canarios gilt deshalb vorerst noch den beiden nahe gelegenen **Vulkanen San Antonio** und **Teneguía** ⭐ sowie einer ebenfalls nicht weit entfernten Saline. Darüber hinaus startet hier einmal im Jahr der Ultramarathon Transvulcania, bei dem die Läufer eine Strecke von 73 km und einen Höhenunterschied von über 4000 m bewältigen müssen.

SEHENSWERTES
Centro de Visitantes del Volcán San Antonio

Der 657 m hohe Kegel des San Antonio erhebt sich nur etwa einen Kilometer von Los Canarios entfernt. Der letzte große Ausbruch des Vulkans zum Jahreswechsel 1677/1678 verschüttete unter anderem die Fuente Santa, die heilige heiße Quelle

⭐ **8 MERIAN Tipp**

AUTOBAR NAUTILUS

Dieser urige Imbiss liegt versteckt im kleinen, Fischerdörfchen Puntalarga, 11 km westlich von Los Canarios. Abgesehen von den Fischgerichten, ist die Küche unspektakulär, dafür ist die Atmosphäre einzigartig. Auf der Terrasse vor dem Imbisswagen treffen sich fast nur Einheimische. ▸ S. 17

der Stadt Los Canarios. Für die Landwirtschaft der Gegend bedeutete der Verlust der Quelle zunächst das Aus. Doch nur wenig später begann die Ära des Weinanbaus in Fuencaliente, denn die Vulkanasche war nicht nur reich an Mineralien, sie speicherte auch Feuchtigkeit. Mittlerweile hat auch die natürliche Pflanzenwelt längst damit begonnen, das vom Ausbruch betroffene Gebiet zurückzuerobern. Am Boden des Kraters wächst heute sogar ein kleines Kiefernwäldchen. Die Zufahrt zum Vulkan ist ab der Hauptstraße in Los Canarios ausgeschildert, und vor Ort können Besucher ein kleines Museum mit Schautafeln und einer Videopräsentation zum Thema Vulkanismus auf La Palma besichtigen. Der Kraterrand ist auf der Westseite für Spaziergänger freigegeben. Von hier aus hat man einen hervorragenden Ausblick auf das Vulkangebiet im Süden der Insel. Erwähnenswert sind außerdem die Rundritte mit Dromedaren, die von hier aus starten (▸ S. 35).

1,5 km südwestl. von Los Canarios, Calle los Volcanes • Tel. 9 22 44 46 16 • Okt.–Juni tgl. 9–18 Uhr, Juli–Sept. tgl. 9–20 Uhr • Parken 3,50 €

ÜBERNACHTEN

Hotel Princess

Anlage mit Poollandschaft • Dieser großzügige Ferienkomplex besteht aus zwei Vier-Sterne-Hotels, dem La Palma Princess und dem Teneguía Princess. Zur umfangreichen Ausstattung der Anlage gehören Tennisplatz, Minigolf, Therme und eine große Poollandschaft.

Las Indias, Carretera la Costa, Cerca Vieja 10 • www.hotelteneguia princess.com • 625 Zimmer • €€€€ 9 km nordwestl. von Los Canarios

Villas Fuencaliente

Mit klimatisiertem Innenpool • Am Rand von Los Canarios steht diese Gruppe von kleinen Ferienhäuschen mit Blick auf das Meer und den Vulkan San Antonio. Highlight ist der geräumige Gemeinschaftspool in einer klimatisierten Glashalle.

Calle la Constitución • Tel. 638 80 26 49 • www.plena-vitae.ch • 9 Ferienhäuser • €

ESSEN UND TRINKEN

El Jardin de Sal

Modern mit Niveau • Trotz des konkurrenzlosen Standortes an den Salinen ist das El Jardin keine Touristenfalle, sondern eines der Top-Restaurants der Insel. Die Speisekarte ist umfangreich, der Service freundlich und die Gerichte werden wunderbar angerichtet.

Carretera el Faro • Tel. 9 22 69 60 02 • www.salinasdefuencaliente.com • Mo–So 12–18, Fr, Sa 19–21 Uhr • €€€ 9 km südl. von Los Canarios

El Quinto Pino

Herzlicher Service • Dieses Restaurant mit Panoramafenstern hat einen liebevoll gestalteten Außenbereich.

Fast steppenartig wirkt die Südspitze La Palmas, die Punta de Fuencaliente mit dem solarbetriebenen alten Leuchtturm (▶ S. 80).

Spanische und internationale Küche, auch sehr gute Pizza. Der Service ist äußerst freundlich.
Las Indias, Carretera la Pared Nueva 3 • Tel. 9 22 44 40 93 • Mi–So 13–16 und 19–23 Uhr • €€
3 km nordwestl. von Los Canarios

EINKAUFEN
Bar Parada
Im Hinterzimmer dieser Bar befindet sich eine Bäckerei. Werktags werden hier frische Süßwaren verkauft. Die Mandelmakronen (»almendrados«) und der Mandelkäse (»queso de almendras«) sind auf der ganzen Insel bekannt.
Carretera General 96 • Tel. 9 22 44 40 02 • Mo–Fr 7.30–21.30, Sa, So 8.30–21.30 Uhr

Bodegas Carballo
Verschiedene Weine (auch Malvasía-Sorten) aus der Familienkellerei Carballo. Die guten Tropfen können in den Verkaufsräumen der Bodega auch verkostet werden.
Carretera las Indias 44 • Tel. 9 22 44 41 40 • www.bodegascarballo.com • Mo–Fr 11–19 Uhr

SERVICE
AUSKUNFT
Touristeninformation
Plaza Minerva • Tel. 9 22 44 40 03 •
oitfuencaliente@hotmail.com •
Mo–Sa 9.30–13.30 Uhr

Ziele in der Umgebung
◎ **Centro de interpretación
de la Reserva Marina** C 6

Dieses interessante Museum besteht
aus nur zwei kleinen Räumen im
Erdgeschoss des alten **Leuchtturms**,
Faro de Fuencaliente. Im Eingangs-
bereich informieren einige Schautafeln über das Meeresschutzgebiet im
Südwesten La Palmas und die Be-
drohungen, denen es in der heutigen
Zeit ausgesetzt ist. Vom Flur aus betritt man den Ausstellungsraum, der
die Besucher in eine geheimnisvolle
Unterwasserwelt hineinversetzt. Unter dem gläsernen Fußboden ist ein
schummrig beleuchtetes Modell des
Meeresgrunds zu sehen, im Zentrum des Raums hängt die große
Skulptur eines Delfins im Fischfang-
netz und an den Wänden sind Modelle verschiedener Fische und
Schalentiere angebracht.

Die gesamte Ausstellung ist darauf
ausgerichtet, die Folgen der verschiedenen Einflüsse des Menschen
auf Flora und Fauna unter Wasser zu
verdeutlichen, insbesondere die
fortschreitende Verschmutzung der
Meere. An einer Wand des Ausstel-
lungsraums wird zudem ein Informationsfilm mit Unterwasseraufnah-
men aus dem Schutzgebiet auf einem
Bildschirm gezeigt.

Carretera el Faro • Tel. 9 22 48 02 23 •
www.reservasmarinas.net • Juni–
Nov. Di–Sa 10–18 Uhr, Dez.–Mai
tgl. 9–17 Uhr • Eintritt frei
9 km südl. von Los Canarios

Die weitläufige Anlage des Hotel Princess (▶ S. 78) setzt Maßstäbe. Die Poollandschaft mit künstlichem Strand und Kinderpool lädt zum Planschen ein.

◎ Salinas de Fuencaliente ⭐ 📖 C 6

Die letzte noch aktive Saline der Kanaren wird seit 1967 als Familienbetrieb geführt. Die verschiedenen Becken, in denen das Meerwasser allmählich verdunstet und zu einer Salzlake angedickt wird, nehmen insgesamt eine Fläche von etwa 40 000 m² ein. Trotz der imposanten Größe handelt es sich bei dieser Salzgewinnungsanlage um ein kleines Unternehmen, dass außerhalb der Hauptproduktionszeit im Winter von nur zwei Personen bewirtschaftet wird – dem Sohn und einem Enkel des Firmengründers. Mit Ausnahme eines Trocknungsofens und eines Verpackungsautomaten kommen im gesamten Herstellungsprozess keine Maschinen zum Einsatz. Interessierte können die Anlage erkunden, es wird kein Eintritt verlangt. An den einzelnen Becken sind Infotafeln angebracht, die nicht nur die einzelnen Schritte der Salzgewinnung erläutern, sondern auch über die 50 zum Teil bedrohten Vogelarten informieren, die in der Umgebung heimisch sind. Wer den Geschmack der Südküste La Palmas als Souvenir mit nach Hause nehmen möchte, kann das Salz im nebenan gelegenen Restaurant erwerben.
Carretera el Faro • Tel. 9 22 41 15 23 (Büro in Santa Cruz) • www.salinas defuencaliente.es/de
9 km südl. von Los Canarios

◎ Volcán Teneguía ⭐ 📖 C 6

Anders als der Vulkan San Antonio ist er zwar touristisch nicht erschlossen, dafür ist der Vulkan Teneguía optisch umso beeindruckender. Der Kegel entstand beim Ausbruch des Vulkans im Oktober 1971, der insgesamt 24 Tage andauerte und 29 ha neues Land an der Südspitze der Insel erschuf. Der Weg zum Vulkan ist nicht ganz leicht zu finden. Am einfachsten gelangt man dorthin, wenn man aus Los Llanos kommend vor der kleinen DISA-Tankstelle rechts abbiegt und dem Verlauf der Straße folgt. Nach ca. 6,5 km folgt man dem unscheinbaren braunen Wegweiser »Volcán Teneguía« nach rechts auf eine kleine, zunächst asphaltierte Zufahrtstraße. Nach weiteren 1,5 km zweigt links eine Kiesstraße in Richtung des inzwischen deutlich sichtbaren Vulkankegels ab. Der Zustand der unbefestigten Straße wird recht schnell schlechter, sodass man nach eigenem Ermessen sein Auto an geeigneter Stelle lieber abstellen und die verbleibenden Meter zu Fuß gehen sollte. Gutes Schuhwerk und Trittsicherheit sind beim Besteigen des nicht mehr vollständig erhaltenen Vulkankegels erforderlich. Dafür wird man an der meist windumtosten Spitze mit atemberaubenden Ausblicken über die bizarre Wüstenlandschaft belohnt, die die Lavamassen des Vulkans Teneguía geschaffen haben.
8,5 km südl. von Los Canarios

📷 FotoTipp

EISWÜSTE IN DEN SALINEN

Aus der Froschperspektive erwecken die mit weißer Salzlake gefüllten Verdunstungsbecken der Saline den Eindruck einer von schwarzen Mauern durchzogenen Eiswüste. Oft sind neben den Becken auch weiße »Schneehaufen« aus Salz aufgetürmt, die tolle Fotomotive bieten. ▶ S. 81

Der Norden

Einsame Strände, Urwälder und die Caldera de Taburiente –
im Norden La Palmas präsentiert sich die Natur ungezähmt.
Die wenigen Ortschaften sind klein und eher verschlafen.

◄ Steile Felswände, enge Schluchten und lichte Kiefernwälder prägen die Landschaft im Norden der Insel.

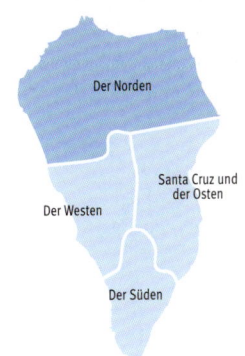

Wer zum ersten Mal etwas über La Palma liest oder hört, wird meist mit dem vulkanischen Ursprung der Insel und dem mächtigen Vulkankrater **Caldera de Taburiente** konfrontiert, der mit 9 km Innendurchmesser einen großen Teil der Nordhälfte der Insel ausmacht. Mit ihren felsigen Schluchten im Inneren und den bis zu 2400 m hohen Gipfeln am Rand zieht die Caldera, die 1954 zum Nationalpark erklärt wurde, jährlich Hunderttausende Wanderer an. Doch die Caldera ist bei Weitem nicht die einzige Naturschönheit im Norden La Palmas. An den Küsten warten malerische Buchten und Felsenbecken, in den Höhen des Ostens locken die Lorbeerwälder von **Los Tilos** 🔟 und auf der Westseite die dschungelartigen Schluchten der **Caldera de Agua**.

Puntagorda 📖 B 2
2030 Einwohner

Puntagorda ist die kleinste, aber für Touristen wohl interessanteste Gemeinde im Nordwesten La Palmas. Sie beinhaltet vier Ortschaften, die sich auf einer Höhe zwischen 600 und 700 m in eine hügelige Landschaft schmiegen. Die Gegend gehört zu den fruchtbarsten der Insel, und von entsprechend großer Bedeutung ist die Landwirtschaft für die Gemeinde Puntagorda. Bereits zur Zeit der Conquista im 15. Jh. begann hier die damals noch größtenteils portugiesische Bevölkerung mit Ackerbau und Viehzucht. Eine eher kulturelle als wirtschaftliche Rolle spielen die Mandelbäume, die rund um Puntagorda besonders zahlreich

wachsen. Das Mandelblütenfest, das jedes Jahr im Februar im Ortsteil El Pinar ausgerichtet wird, zieht Scharen von Besuchern aus ganz La Palma an. Wenn Dutzende Mandelbäume an der Hauptstraße in voller Blüte stehen, wird hier mit Musik und Tanz gefeiert, Stände bieten Wein und Spezialitäten der Region an, und rohe und gebrannte Mandeln werden kostenlos an die Besucher verteilt.

In der näheren Umgebung von Puntagorda gibt es Einiges zu entdecken, etwa die »Piratenbucht« **Porís de la Candelaria** 🔟 und die **Höhlen von Buracas** 🔟. Doch auch für weitere Ausflüge in den Norden ist Puntagorda eine gute Basis, da die weiter nördlich gelegenen Ortschaften aufgrund ihrer Abgeschiedenheit leider kaum über zuverlässige Geschäfte und Lokale verfügen.

SEHENSWERTES
🌿 Finca Autarca 🍴

Das Projekt Autarca widmet sich den Prinzipien der Permakultur und wirtschaftet mit modernen Formen der Selbstversorgung. Auf ca. 25 000 m² bewirtschaften Barbara und Erich Graf eine Finca, deren Ziel es ist, alles selbst zu produzieren, was eine

kleine Gemeinschaft als Lebensgrundlage benötigt. Einer der Grundgedanken ist es, mit einem anfänglichen Eingriff in die Landschaft möglichst ideale Voraussetzungen zu schaffen für geschlossene Kreisläufe zwischen Erzeugnissen und Abfallprodukten. Bei Autarca geht es nicht nur um die Produktion von Nahrungsmitteln für Mensch und Nutztier, sondern auch um die Erzeugung von eigenem Strom und die biologische Aufbereitung von Abfällen und Abwässern. Dabei kommt eine Mischung aus moderner Technik und einfachen Konstruktionen zum Einsatz. Besucher können hier auf einer ausgedehnten Führung alles über Hügelbeete, Solaröfen, Biogasanlagen und vieles mehr erfahren, für die Kinder gibt es ein Unterhaltungsprogramm. Ein vegetarisches Mittagessen mit Zutaten aus eigener Herstellung ist im Preis inbegriffen. Für die Teilnahme ist eine vorherige Anmeldung nötig.
Tinizara, Camino La Ermita 22 • Tel. 9 22 49 02 15 • Führungen montags • Eintritt 20 €, Kinder frei

6 Höhlen von Buracas B 2

Von Puntagorda etwa 7 km nördlich, gleich unterhalb des kleinen Örtchens Las Tricias, beginnt die wunderschöne Schlucht Barranco del Corchete, in der vor einigen Jahrzehnten Felsgravuren der kanarischen Ureinwohner entdeckt wurden. Vor allem aber befinden sich hier zahlreiche Höhlen, die den Guanchen einst als Behausung dienten. Einige wurden für Besucher mit informativen Reproduktionen von historischen Einrichtungs- und Alltagsgegenständen ausstaffiert, und Schautafeln informieren über das

Leben ihrer einstigen Bewohner. Die Höhlen erreicht man nach etwa 3 km Fußmarsch von Las Tricias aus über den beschilderten Wanderweg GR-130, der vorbei an hübschen Fincas und beeindruckenden Drachenbäumen in die Schlucht hinabführt. Unterwegs lohnt sich eine Einkehr im Café Finca Aloe.
Las Tricias, Wanderweg GR-130

ÜBERNACHTEN
Finca el Rodadero
Landhaus mit Pool • Das geräumige Landhaus liegt etwas außerhalb von Puntagorda. Innen und außen ist es im typisch kanarischen Stil gehalten, mit eigenem Pool und schönem Blick von der Terrasse.
Fagundo, Carretera General 22 • Tel. 9 28 58 00 30 • www.lascasas canarias.com • €€€

Pension Mar y Monte
Zentral und günstig • Die 1998 eröffnete Pension unter deutscher Führung liegt direkt in Puntagorda. Sie verfügt über ruhige Zimmer mit modern ausgestattetem Etagenbad. Eine Besonderheit ist der lauschige, liebevoll begrünte Innenhof.
Calle Pino de la Virgen 7 • Tel. 9 22 49 30 67 • www.la-palma-marymonte. de • 5 Zimmer • €

ESSEN UND TRINKEN
Café Finca Aloe
Vegan und bio • In diesem mit Solar- und Windenergie betriebenen Café am Wanderweg zu den Höhlen von Buracas gibt es vegetarische und vegane Snacks und Shakes. Man erreicht es nach 2,5 km zu Fuß über den Wanderweg GR-130 von Las Tricias.
Las Tricias, Calle el Polvillo • Tel. 9 22 08 85 18 • €€€

Der Markt in Puntagorda (▶ S. 86) ist ein Paradies für Feinschmecker, die ökologisch produzierte Erzeugnisse lieben. Auch Kunsthandwerk ist im Angebot.

🌿 Tasca El Castillo

Feinschmecker-Geheimtipp • Dieses wenig bekannte, abgelegene Restaurant unter deutscher Führung bietet ausgezeichnete internationale Küche. Serviert werden Gerichte mit frischen Bio-Zutaten aus der Region und Kräuter aus dem eigenen Garten in einem schönen Ambiente. Rechtzeitig reservieren!
El Castillo, Calle el Castillo 12 • Tel. 9 22 40 00 36 • www.tascaelcastillo.com • Do, Fr, So ab 14 Uhr • €€€
10 km nördl. von Puntagorda

El Jardin de los Naranjos

Üppige Portionen • Das rustikal, aber stilvoll eingerichtete Lokal tischt spanische und internationale Küche auf. Interessant sind vor allem die schmackhaften Fleischgerichte mit süßen Saucen. Die Portionen sind reichlich, der Service ausgesprochen freundlich.

Camino del Pinar 33 • Tel. 9 22 49 31 14 • www.jardindelosnaranjos.com • Di–Fr 18–23, Sa, So 13–23 Uhr • €€

Kiosco del Mercadillo

Typisch palmerische Küche • Dieses kleine Restaurant mit Bar direkt neben der Markthalle serviert typisch palmerische Speisen. Besonders zu empfehlen sind die traditionellen Suppen. Der perfekte Ort zum Entspannen nach einem anstrengenden Marktbesuch.
Camino del Pinar 61 • Tel. 6 28 34 66 34 • Fr 16–24, Sa, So 9–24 Uhr • €

EINKAUFEN
La Palmerita

Hier gibt es geschmackvolle Taschen, Beutel und Portemonnaies aus hochwertigem Leder, geschmückt mit den Wahrzeichen La Palmas wie dem Gecko oder der charakteristischen Spirale der Guanchen. Sonderanfer-

Bizarre Felsformationen in Gipfelnähe des Roque de los Muchachos (▶ MERIAN TopTen S. 87) – der Ausblick von hier oben reicht bis La Gomera und El Hierro.

tigungen auf Wunsch. Die Stücke werden auch auf dem Mercadillo del Agricultor angeboten.
Pino de la Virgen 7 • Tel. 9 22 49 31 08 • www.lapalmerita.com • Di–Fr 11–14 und 17–20, Sa 11–14 Uhr

🌿 Mercadillo del Agricultor

Jedes Wochenende findet am Ortsrand von Puntagorda dieser überdachte Markt mit etwa 40 Ständen für Kunsthandwerk und Lebensmittel aus der Region statt. Auf der rechten Seite der Markthalle werden Schmuck, Kleidung und Accessoires aus palmerischer Herstellung angeboten, während die Stände auf der linken Seite heimische Lebensmittel anbieten. Im Angebot sind nicht nur frisches Obst und Gemüse, sondern auch Fleisch, Wurst, Käse, Eingelegtes und Eingemachtes, Kuchen, Gebäck, Getränke und vieles mehr. Auf dem Vorplatz finden sich oftmals auch einige Flohmarktstände, und in den Wintermonaten treten fast immer ein paar Jongleure und Straßenmusiker auf.
Camino del Pinar • Sa 15–19, So 11–15 Uhr

SERVICE
AUSKUNFT
Touristeninformation
Centro Ambiental de Puntagorda,
Camino del Pinar • Tel. 9 22 48 68 10 •
Do 11–16, Fr, Sa 10–16 Uhr

Ziele in der Umgebung
◎ **Roque de los Muchachos und Observatorium** 📖 C 2

Der »Fels der Jungs« am nördlichen Rand der Caldera ist mit 2426 m die höchste Erhebung der Insel. Der Gipfel ist über verschiedene, recht anstrengende Wanderwege erreichbar. Aber auch mit dem Auto kann man ihn über die gut ausgebaute Straße LP-4 ansteuern (▸ S. 106); sie zweigt bei Hoya Grande von der LP-1 ab. Alternativ kann man den Roque auch von Osten her anfahren. Dort zweigt die LP-4 etwa 3 km nördlich von Santa Cruz ebenfalls von der LP-1 ab. Nachdem man die Baumgrenze passiert hat, beginnt eine Fahrt durch karge Felslandschaften, die mit ihrer rötlichen Färbung an die Marsoberfläche erinnern. Vor dem Hintergrund des meist glasklaren blauen Himmels eröffnen sich dem Betrachter atemberaubende Ausblicke. Wer vom Gipfel aus ungetrübte Aussichten über die Insel genießen möchte, sollte früh am Morgen aufbrechen, da man ab der Mittagszeit oft auf eine Wolkendecke schaut – ein Anblick, der jedoch nicht weniger beeindruckend ist.

Die Luft auf dem Roque de Los Muchachos ist besonders klar, es gibt weit und breit keine störenden Lichtquellen und der Gipfel selbst ist meist frei von Wolken. All diese Faktoren haben dazu beigetragen, dass sich hier oben einige wissenschaftliche Sternwarten angesiedelt

haben. Einige von ihnen können nach Anmeldung besichtigt werden, allerdings nur tagsüber, und Besucher bekommen keine Livebilder aus den Teleskopen zu sehen.
Garafía, LP-4 • Tel. 622 80 56 18 • www.astrolapalma.com • Eintritt 9 € • 29 km östl. von Puntagorda

📷 FotoTipp

LA PALMA KOPFÜBER

Auf dem Weg zum Roque de Los Muchachos passiert man die beiden größten Gammastrahlen-Teleskope der Welt. Tagsüber bieten die beiden 17 m großen Hohlspiegel tolle Motive, wenn sich darin die Landschaft kopfüber spiegelt. Nachts bei Nebel lassen sich die gut 200 Laserstrahlen beobachten, mit deren Hilfe die Reflektoren ausgerichtet werden.   ▸ S. 87

◎ **Santo Domingo de Garafía**
📖 B 1

430 Einwohner
Santo Domingo ist der Hauptort von Villa de Garafía, der nördlichsten der 14 Gemeinden La Palmas. Das kleine Dorf an einem Hang, einige Hundert Meter von der steilen Nordwestküste der Insel entfernt, liegt auf 350 bis 400 m über dem Meeresspiegel. Eine Hauptstraße, an deren Ende die Kirche Nuestra Señora de la Luz thront, sowie zwei steil ansteigende, kleine Nebenstraßen bilden den winzigen Ortskern. Santo Domingo galt ebenso wie die restliche Gemeinde von Garafía von jeher als besonders abgeschieden. Erreichbar waren die Dörfer Garafías bis Ende des 20. Jh. nur über unbefestigte Wege oder den kleinen Hafen, der vor allem für den

Gütertransport genutzt wurde und im Winter aufgrund der gefährlichen Strömungen oft nicht schiffbar war. So erklärt sich auch der rasante Bevölkerungsschwund, der mit dem wirtschaftlichen Aufschwung der Insel ab ca. 1950 einsetzte. Wer daran teilhaben wollte, dem blieb wenig anderes übrig, als in den Süden zu ziehen, woran auch die seit den 1990er-Jahren asphaltierten Straßen nicht viel änderten. So wirkt Santo Domingo mit seinen kleinen Gässchen und den bunt gestrichenen altkanarischen Wohnhäusern heute oftmals wie ausgestorben.

15 km nördl. von Puntagorda

 MERIAN Tipp

EL TABLADO

In diesem abgelegensten Fischerdörfchen La Palmas ist die Zeit vor 100 Jahren stehen geblieben. In herrlicher Umgebung, 25 km nördlich von Puntagorda, findet man hier historische Häuschen mit Holzdach, wie man sie sonst nirgends mehr auf der Insel zu sehen bekommt. ▶ S. 17

SEHENSWERTES
Parque Cultural de la Zarza y la Zarcita
1941 wurden zwischen den Ortschaften Llano Negro und La Mata insgesamt 47 Felszeichnungen der Ureinwohner La Palmas entdeckt, die sich auf die beiden Gebiete La Zarza und La Zarcita aufteilen. Sie gehören neben der Cueva de Belmaco zu den wichtigsten archäologischen Fundstätten La Palmas. Das kleine Museum im zugehörigen Besucherzentrum 10 km südöstlich von

Santo Domingo informiert mit Schautafeln und einem Videovortrag über die Geschichte der Ureinwohner und das bislang gesammelte Wissen über ihre Felszeichnungen. Gegen einen moderaten Eintrittspreis erhält man Zugang zum Besucherzentrum sowie zum etwa halbstündigen Rundweg durch die beiden Fundstätten. Davon abgesehen ist der kostenlose Parkplatz ein idealer Ausgangspunkt für eine Wanderung durch die fantastische Schlucht der **Caldera de Agua**, die von hier aus nach Norden verläuft. Dank der vielen Regenfälle und der stets hohen Luftfeuchtigkeit hat sich in der Umgebung ein dichter Märchenwald mit knorrigen Bäumen, rankenden Lianen und moosbewachsenen Felsen gebildet.

LP-1, ca. 800 m östl. der Tankstelle in Llano Negro • Tel. 9 22 69 50 05 • www.garafia.es/lazarzaylazarcita • 15. Juni–25. Okt. Di–So 11–19, sonst 11–17 Uhr • Eintritt 2 €, Kinder 1 €

ÜBERNACHTEN
El Cortijo de los Dragos
Malerisch und rustikal • Kleines altkanarisches Haus in absolut ruhiger Lage. Das rustikale, aber liebevoll eingerichtete Innere umfasst auch ein helles Wohnzimmer mit tollem Meerblick. Der schön gestaltete Garten ist nicht einsehbar.

Carretera a El Palmar • Tel. +44/13 43 84 30 63 • www.la-palma-canarias. com • €€

2,5 km östl. von Santo Domingo

ESSEN UND TRINKEN
Restaurante Santo Domingo
Palmerische Hausmannskost • Eines von zwei verbliebenen Restaurants direkt in der Ortschaft. Das einfache

Der Küstenort El Tablado (▶ MERIAN Tipp, S. 17) thront auf einem einsamen Land-
rücken zwischen den Schluchten Barranco Fagundo und Barranco del Rio Hombre.

Lokal verfügt über einen Schank-
raum und eine Terrasse. Auf der
Karte steht typisch palmerische Küche zu günstigen Preisen.
Calle Díaz y Suárez 3 • Tel. 9 22 40
00 15 • Mo–So 9–15.30 Uhr • €€

Taberna Santi
Klein und freundlich • Restaurant
in altkanarischem Haus mit sehr
freundlichem Service. Die Ausstattung ist schlicht, aber hübsch. Auch
hier kommt typisch palmerische
Kost auf den Tisch, z. B. Eintopf mit
Ziegenfleisch.
Calle Díaz y Suárez 16 • Tel. 9 22 40
01 16 • Mo–Sa 12–21 Uhr • €€

◎ Tijarafe   B 3
2680 Einwohner
Die Gemeinde Tijarafe nördlich der
Angustias-Schlucht ist von starker
Zersiedelung geprägt. Abgesehen
vom Hautport **El Pueblo** mit seinen

538 Einwohnern, der meist gemeint
ist, wenn man von Tijarafe spricht,
finden sich hier fast nur einzelne
verstreute Häusergruppen in Höhen-
lagen zwischen ca 550 und 900 m.
Wie fast überall auf der Insel – und
vor allem im Norden – ist die Landwirtschaft der Haupt-Wirtschafts-
zweig der Gemeinde, insbesondere
der Bananenanbau. Davon abgesehen ist Tijarafe, dessen Name aus der
Sprache der Ureinwohner übernom-
men wurde, auch ein wichtiges Zentrum der biologischen Landwirtschaft. Eine ganze Reihe von Fincas
in der Umgebung widmet sich der
nachhaltigen und umweltschonen-
den Produktion.

SEHENSWERTES
⭐ **El Porís de la Candelaria**
Diese malerische Bucht wird erst-
mals im 16. Jh. als Hafen von Tijarafe
erwähnt. Von hier aus wurde der

⭐ 🔟 **MERIAN Tipp**

LA DANZA DEL DIABLO

Beim Patronatsfest für die heilige Señora de la Candelaria tanzt eine brennende Teufelsfigur durch die Menge der Feiernden. Der heidnische Brauch bildet den Höhepunkt der in der ersten Septemberwoche stattfindenden Feierlichkeiten in Tijarafe.　　▶ S. 17

Güterverkehr zwischen Tijarafe und den auf dem Landweg schwer zu erreichenden Dörfern im Norden der Insel abgewickelt. Legenden zufolge soll die Bucht einst ein Umschlagplatz für Schmuggelwaren gewesen sein und sogar Piraten als Zuflucht gedient haben. In El Pueblo nimmt man neben dem hölzernen Kiosk »El Diablo« die Calle la Molina in Richtung Westen und folgt der engen, gegen Ende nicht mehr asphaltierten Zufahrtstraße bis zu einem Parkplatz. Von hier erreicht man den Porís über einen kurzen, steilen Abstieg zu Fuß. Die Bucht selbst besteht aus einer großen, offenen Höhle, in deren Inneren sich einige kleine Häuschen an die Felswand drängen. Diese dienen vor allem Einheimischen als Wochenend- und Ferienhäuser. Bei Sonnenschein schimmert das Felsbecken in der Mitte der Höhle herrlich türkis. Zum Baden ist die Bucht allerdings nur bei sehr ruhiger See geeignet.

Am Ende der Calle la Molina

ÜBERNACHTEN

🌿 **Biofinca Milflores**

Ruhig und komfortabel • Großes, stilvolles Ferienhaus mit blickdichtem Garten in ruhiger Lage. Exklusi-

ves Extra ist die Fußbodenheizung. Von der direkt unterhalb gelegenen Bio-Finca der deutschsprachigen Vermieter gibt es für die Gäste Eier und Gemüse frei Haus.

La Punta, Camino la Molina 36 • Tel. 6 70 49 60 32 • www.haus-la-palma.de • ♿ • €€

7 km südl. von El Pueblo

ESSEN UND TRINKEN

La Muralla

Modern mit toller Aussicht • Großes, modernes Restaurant mit Terrasse über einer Klippe, die einen hervorragenden Blick auf das Meer bietet. Die Küche ist von hoher Qualität, besonders die Fleischgerichte sind lecker.

Tijarafe, Carretera de Aguatavar 70 • Tel. 9 22 69 53 71 • www.restaurant lamuralla.com • Di–Sa 13–22.30, So 13–16 Uhr • €€€

3 km nördl. von El Pueblo

Cervecería Isla Verde

Bier aus eigener Brauerei • Dieses Restaurant mit kleiner Bar im Innenbereich ist an die hauseigene Brauerei angeschlossen, die drei sehr empfehlenswerte Sorten braut. Dazu gibt es kanarisch-internationale Fusionsküche auf hohem Niveau.

Tijarafe, El Jesús 41 • Tel. 6 91 44 51 53 • www.cervezaislaverde.com • Mo, Do, Fr 13–16 und 18–22, Sa, So 13–22 Uhr • €€

2 km südl. von El Pueblo

EINKAUFEN

ABC Ceramica

Hier fertigt Keramikmeisterin Alke Block in Handarbeit bildschöne Stücke – von Tellern über Teekannen und Schmuckdosen bis hin zu Lampen. Alkes Produkte kann man auch

auf dem Mercadillo in Puntagorda (▸ S. 86) erstehen.
La Punta, Las Cabezadas 68 •
Tel. 9 22 49 11 27 • www.abc-keramik.
com • geöffnet nach Absprache

🍃 **Palmapur Licores**

Manfred Heinrichs produziert hier im gleichen Gebäude wie ABC Ceramica seit 2000 hochwertige, mazerierte Liköre und Schnäpse aus biologisch angebauten Zutaten – vom Zucker abgesehen – und ohne jegliche chemische Zusätze. Im Angebot sind Klassiker und ausgefallene Likörsorten wie Kaktusfeige, Maulbeere oder Mispel. Die guten Tropfen werden vor Ort oder auf dem Mercadillo in Puntagorda (▸ S. 86) verkauft.
La Punta, Las Cabezadas 68 • Tel. 9 22 49 11 27 • www.palmapurlicores.com • geöffnet nach Absprache

San Andrés y Sauces 📖 D 2
4380 Einwohner

Los Sauces (2300 Einwohner) und das direkt unterhalb liegende Dörfchen San Andrés (260 Einwohner) bilden zusammen den Kern der größten Gemeinde im Norden La Palmas. Schon früh nach der Eroberung La Palmas stellten die beiden Dörfer ein wichtiges Zentrum des Zuckerrohrhandels mit Südamerika dar, und in Puerto Espíndola, dem Hafen der Gemeinde, herrschte im 16. und 17. Jh. reger Betrieb. Heutzutage gilt, wie in den meisten Gegenden der Insel, der Bananenanbau als wichtigster Wirtschaftszweig. Die geringe Höhenlage von durchschnittlich 260 m beschert der Gemeinde hohe Durchschnittstemperaturen, während der Nordostpassat zuverlässig ausreichende Regenmengen für die Landwirtschaft liefert.

Kopfsteinpflasterstraßen und Häuser im Kolonialstil aus dem 16. und 17. Jh. schmücken die Altstadt von San Andres (▸ S. 91).

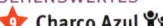

Die Kirche Nuestra Senora de Montserrat (▶ S. 92) beherrscht den Dorfplatz von San Andrés. Im Innern finden sich kostbare flämische Kunstschätze.

Die Bevölkerungszahlen der Gemeinde sind zwar seit vielen Jahren konstant rückläufig, dennoch präsentiert sich Los Sauces für palmerische Verhältnisse erstaunlich städtisch. Der Ort zieht sich parallel zur Hauptstraße, die von mehrstöckigen Apartmenthäusern im modernen kanarischen Stil gesäumt ist. Fast jedes der Gebäude beherbergt im Erdgeschoss ein Ladengeschäft oder ein Café. Im Zentrum, am Ende des Dorfplatzes, steht die prachtvolle Kirche **Nuestra Señora de Montserrat**, und gegenüber erstreckt sich der hübsche kleine **Park Antonio Herrera**, in dem einer der wenigen Springbrunnen La Palmas zu sehen ist. Im Gegensatz zu Los Sauces versprüht das kleine San Andrés mit seinen kopfsteingepflasterten Gässchen und altkanarischen Häusern den authentischen Charme eines verschlafenen Plantagennests.

SEHENSWERTES

9 **Charco Azul** 👫

2,5 km unterhalb von Los Sauces an der Küste liegt dieses natürliche Felsschwimmbecken. Eine Mauer mit

Durchlässen sorgt dafür, dass das Meerwasser zwar bei Flut hineinschwappen, bei Ebbe jedoch nicht abfließen kann. So bietet sich hier eine der wenigen Gelegenheiten auf La Palma, das türkisfarbene Meer ohne starke Strömungen zu genießen, die vor allem für Kinder schnell gefährlich werden können. Bei starkem Wellengang ist allerdings auch dieses Becken nicht nutzbar. Mehrere künstliche Terrassen rund um den Charco laden zum Sonnenbaden ein. Zwar existieren Rollstuhlrampen, einen behindertengerechten Zugang zum Wasser gibt es jedoch nicht. Ein zweites, künstliches Becken ist für kleine Nichtschwimmer reserviert. Direkt oberhalb der Anlage befindet sich die **Bar Charco Azul** (▸ S. 94), die frische Fischgerichte serviert. Gegen Nachmittag und vor allem am Wochenende füllt sich der Charco Azul meist mit einheimischen Touristen – wer es etwas ruhiger mag, sollte einen Besuch an einem Wochentag vor der Mittagshitze einplanen.
Camino el Melonar

Iglesia de San Andrés Apóstol
Im Dorf San Andrés befindet sich diese Kirche für den Apostel Andreas. Im Jahr 1515 erbaut, gehört sie zu den ältesten sakralen Bauten der Insel. Wie die meisten Kirchen auf La Palma ist sie außen wie innen schlicht und elegant gehalten. Aufwendigstes Element ist die schöne Kassettendecke im Mudéjar-Stil. Das Altarretabel im barocken Stil entstammt einer späteren Epoche als die Kirche selbst. Genau wie Nuestra Señora de los Remedios in Los Llanos besitzt das Kirchenschiff keinen zentralen Eingang an der Stirnseite, sondern lediglich zwei Seiteneingänge. Sehr schön ist auch der begrünte und mit Palmen bepflanzte Vorplatz auf der rechten Seite des Kirchenbaus.
San Andrés, Plaza de San Andrés

MUSEEN
Centro de Visitantes El Canal y Los Tilos
4 km westlich von Los Sauces befindet sich mitten im Wald dieses Besucherzentrum. Ein Ausstellungsraum mit Schautafeln informiert über die einzigartige Flora und Fauna des uralten Waldes von Los Tilos 🔟. Im Zentrum des Raums steht ein großes Modell der Schlucht Barranco del Agua, auf dem auch die Wanderwege verzeichnet sind. In einem kleinen Nebenraum wird ein Informationsfilm gezeigt.
LP-105 • Tel. 9 22 45 12 46 • tgl. 8.55–17.30 Uhr • Eintritt frei

Molino hidráulico el Regente
In dieser ehemaligen Wassermühle, in der ab 1873 Getreide und gerösteter Mais für das palmerische Grundnahrungsmittel Gofio gemalen wurden, ist heute ein kleines Museum untergebracht. Die Maschinen der Mühle wurden restauriert und können heute besichtigt werden. Gute Führungen informieren über den Anbau und die Produktion der verschiedenen Getreide und ihre Bedeutung für das Leben auf La Palma im frühen 20. Jh. Daneben gibt es einen Verkaufsraum für lokale Handwerksprodukte. Besichtigungen sind derzeit nur nach Anmeldung beim Ayuntamiento in Los Sauces möglich.
Calle Molinos 33 • Tel. 9 22 45 02 03 (Ayuntamiento) • Eintritt frei

ÜBERNACHTEN
Casa los Nacientes
Landhaus mit Geschichte • Hier kam im 19. Jh. das ganze Dorf zum Brotbacken zusammen. Die Zwillingshäuser in ruhiger Lage teilen sich einen Hof mit einem Pizza- bzw. Brotofen. Sie sind stilvoll eingerichtet, je Haus gibt es ein Schlafzimmer.
Calle las Lomadas 24 • Tel. 9 22 43 06 25 • www.islabonita.es • 2 Ferienhäuser für jeweils 3 Pers. • €€
2 km südl. von Los Sauces

Manos de Oro
Zu Fuß zum Strand • Hübsches altkanarisches Landhaus mit einfacher, aber geschmackvoller Ausstattung. Es gibt nur einen großen Raum mit Raumteiler, daher ist es wohl eher für Paare geeignet. Ganzjährig herrscht hier ein warmes Klima auf 60 Höhenmetern; nur 500 m bis zum Strand.
Calle Manos de Oro 67 • Tel. 9 22 43 06 25 • www.islabonita.es • Ferienhaus für 2 Pers. • €€
2 km östl. von Los Sauces

ESSEN UND TRINKEN
Casa Demetrio
Mitten im Wald • Grillrestaurant in herrlicher Lage in den Wäldern von Los Tilos. Man speist hier in rustikalem Ambiente mit schweren Steinmauern und massiven Holzbänken im Außenbereich. Gegrilltes und typisch palmerische Küche.
LP-105, am Ende der Zufahrt nach Los Tilos • Tel. 9 22 45 05 19 • Juni–Nov. 10–19 Uhr, Dez.–Mai 10–17 Uhr • €€€
4 km westl. von Los Sauces

El Canal
Kanarische Küche mit Pfiff • Dieses elegante Restaurant serviert kanarische Gerichte mit kleinen, kreativen Abwandlungen. Die Speisen werden liebevoll präsentiert, die Fleischgerichte sind gut und die Nachspeisen absolut empfehlenswert.
Carretera General 2 • Tel. 9 22 45 08 43 • www.restauranteelcanal.com • Mo–Sa 13–16.30 und 20–23.30 Uhr • €€€

Bar Charco Azul
Fisch aus eigenem Fang • Kleines, sehr beliebtes Restaurant direkt über dem Charco Azul, das von einem jungen Pärchen geführt wird. Den Fisch fängt der Eigentümer jede Nacht selbst. Neben Fischgerichten gibt es Tapas und Klassiker wie Papas Arrugadas.
Camino el Melonar 15 • Tel. 6 77 70 49 00 • www.actiweb.es/bar_charco_azul • tgl. 11–20 Uhr • €€

Ziele in der Umgebung
◎ **Barlovento**　　　　　　D 1
2000 Einwohner
Nördlich von San Andrés y Sauces beginnt das Gemeindegebiet Barlovento mit seinem gleichnamigen Hauptort. Das Dörfchen Barlovento (680 Einwohner) wurde nicht erst im Zuge der Conquista im 15. Jh. gegründet. Es existierte bereits zuvor als Siedlung der Guanchen, die dort vor allem von der Viehzucht lebten. In ihrer Sprache lautete der Name des Dorfs »Tagaragre«. Das dicht bewaldete Gemeindegebiet ist wie der gesamte Nordosten La Palmas ganzjährig mit Niederschlägen gesegnet. Dennoch sind auch hier Bewässerungssysteme nötig, um Landwirtschaft zu betreiben. Neben den allgegenwärtigen Bananen werden in dieser Gegend auch Avocados und Zitrusfrüchte angebaut. Touristisch ist die Gemeinde Barlovento kaum

An der Nordküste eine der wenigen Gelegenheiten für ein Bad im Atlantik: die geschützten Meeresschwimmbecken Charco Azul (▸ MERIAN TopTen S. 92).

von Bedeutung. Das Dorf selbst wurde im Laufe der Jahre gründlich modernisiert, verfügt über eine breite Durchfahrtsstraße und besitzt abgesehen von der **Kirche Nuestra Señora del Rosario** leider so gut wie keine historischen Gebäude mehr.
8 km nordwestl. von Los Sauces

SEHENSWERTES
Piscina la Fajana 👫👤
In dem schönen Naturbad 5,5 km östlich von Barlovento mit drei durch Mauern abgetrennten Einzelbecken können Schwimmer in Ruhe das Meerwasser genießen, ohne gegen Wellen und Strömungen ankämpfen zu müssen. Im klaren Wasser lassen sich zudem sehr gut Fische beobachten, die bei rauer See gelegentlich hineingespült werden. Eines der Becken ist sehr flach, sodass hier auch Kleinkinder gefahrlos baden können. Verschiedene Terrassen la-

den zum Sonnenbaden ein, Umkleidekabinen und öffentliche Toiletten sind ebenfalls vorhanden. Ähnlich wie im Charco Azul sind die Becken bei starken Wellen nicht nutzbar.
Calle La Fajana

ÜBERNACHTEN
Casa Eloina
Ursprünglich und ruhig • Restauriertes Bauernhaus aus dem 18. Jh. Die schlichte, aber hochwertige Ausstattung der beiden Schlafzimmer stammt zum Teil noch von den Urgroßeltern der Eigentümerin. Sehr ruhige Lage, schöner Ausblick.
Calle Lomo de la Florida 19 • Tel. 0 61/ 07 75 67 77 (in Deutschland) • 1 Ferienhaus • www.el-sur.de • €€

Hotel La Palma Romantica
Spa-Hotel in den Bergen • Drei-Sterne-Hotel mit großem Wellnessbereich in ruhiger Lage mit tollem

Fernblick. Das schöne Gebäude verfügt über alte Holzbalkone. Leider sind die Zimmer etwas verwohnt. Carretera Las Llanadas • Tel. 9 22 18 62 21 • www.hotellapalmaromantica. com • 40 Zimmer • €€

Dschungelartige Vegetation im Wald von Los Tilos (▶ MERIAN TopTen S. 96).

ESSEN UND TRINKEN
La Gaviota
Direkt am Meer • Restaurant mit großer Terrasse in großartiger Lage gleich oberhalb der Schwimmbecken von La Fajana. Es gibt leckeren Fisch, Meeresfrüchte und typisch palmerische Küche. Die Qualität schwankt leider etwas.
Calle la Fajana • Tel. 9 22 18 69 14 • €€ 5,5 km nordöstl. von Barlovento

Las Goteras
Gute Fleischgerichte • Das große Restaurant im Erholungsgebiet »La Laguna« liegt am großen Wasser-

speicher. Der Service ist freundlich und serviert typisch kanarische Küche. Die Fleischgerichte sind sehr gut, die Weinkarte umfangreich.
Parque Recreativo La Laguna de Barlovento • Tel. 9 22 69 64 56 • www. lasgoteras.com • Di–So 9–23 Uhr • €€

SERVICE
AUSKUNFT
Touristeninformation
Carretera Casco Urbano, Ecke Calle Carmen Hernandez Paz • Tel. 9 22 18 64 83 • E-Mail: turismo@barlovento. es • Di–Fr 10–14 Uhr

◎ Los Tilos 🔟   📖 D 2
Der Lorbeerwald von Los Tilos (spanischer Name für die Lindenart »ocotea foetens«) ist im wahrsten Sinne des Wortes ein Urwald: Die Vegetation hier hat aufgrund der geografischen Lage die letzte Eiszeit unbeschadet überstanden. Das 511 ha große Areal beherbergt heute den größten zusammenhängenden Lorbeerwald der Welt. Dicht an dicht drängen sich hier gewaltige Bäume, Lianen hängen herab und Schlingpflanzen wuchern zwischen Farnen und moosbewachsenen Felsen über den Boden. Für Naturfreunde ist Los Tilos ein absolutes Muss. Trotz seiner Unberührtheit ist der Wald für Wanderer gut erschlossen – die Pfade sind gut begehbar, Zeichen und Hinweisschilder markieren die Wege der verschiedenen Wanderrouten. Mit dem Auto kann man von Los Sauces aus das Besucherzentrum anfahren und vom Parkplatz direkt in den Urwald marschieren. Eine kurze Wanderung von etwa einer Stunde inklusive Rückweg führt durch die Schlucht **Barranco del Agua** über Steine und

Felsen in einen kleinen Kessel, in dem Wanderer über die Jahre unzählige Steintürmchen errichtet haben. In den Wintermonaten versperrt auf halber Strecke bisweilen ein Wasserfall den Weg – aber auch dieser ist sehenswert. Eine alternative Wanderung führt zum Aussichtspunkt **Mirador del Espigón Atravesado** und zurück in etwa 2,5 Stunden. Eine Felsnadel bietet am Mirador einen herrlichen Ausblick über den Wald.
4 km westl. von Los Sauces

◎ **Puntallana** 📖 D 2
2300 Einwohner
Südlich von Los Sauces liegt die Gemeinde Puntallana, die sich aus fünf kleinen Dörfern und einer Reihe verstreuter Häusergruppen zusammensetzt. Verwaltungssitz ist der Ort San Juan de Puntallana, der sich um die im 16. Jh. gegründete und im 18. Jh. neu erbaute Kirche San Juan de Bautista gruppiert. Er beherbergt die deutschsprachige **Biblioteca Internacional en Lengua Alemana (BILA)**, in der etwa 5000 Bücher zur Ausleihe bereitstehen.
10,5 km südl. von Los Sauces

SEHENSWERTES
Mirador de la Montaña
Im Ortsteil La Galga, 4,5 km nördl. von Puntallana, befindet sich unterhalb der Kirche San Bartolomé dieser Aussichtspunkt, der zu den 16 von der Inselverwaltung ausgewiesenen astronomischen Beobachtungsstellen gehört. Eine Schautafel klärt über die Himmelsphänomene auf, die von hier aus besonders gut beobachtet werden können. An der äußersten Spitze des Miradors steht die Statue des »Salto del Enamorado«, des Sprungs des Verliebten. Der Le-

gende nach kam hier ein liebeskranker Pastor ums Leben, als er mit einer Mutprobe die Gunst seiner Angebeteten gewinnen wollte.
Calle San Bartolomé

MUSEEN
Casa Luján
Die hübsche Casa Luján ist ein restauriertes ländliches Anwesen aus dem frühen 18. Jh., das heute eine Ausstellung über das Alltagsleben jener Zeit beherbergt. Im Obergeschoss werden mithilfe von stilecht gekleideten Puppen, Möbeln, Geschirr, Dekoelementen und Gebrauchsgegenständen häusliche Szenen jener Epoche nachgestellt. Die Räume im Erdgeschoss sind einer Schule nachempfunden und enthalten Lehrbücher, Schreibutensilien und Unterrichtsmaterial. Das prachtvolle Landhaus mit seinem ummauerten Innenhof und dem hölzernen Balkon ist allerdings schon für sich genommen einen Ausflug wert. Neben dem Museum gibt es auch einen kleinen Laden für handgefertigte Produkte, der verschiedene palmerische Spezialitäten und Handwerksarbeiten verkauft.
Calle el Pósito 3 • Tel. 9 22 43 02 26 • Mo–Fr 10–13 und 16–19, Sa 10–13 Uhr

ÜBERNACHTEN
Casa Lina
Geräumig und ruhig • Das einfach eingerichtete Ferienhaus im kanarischen Stil bietet zwei Schlafzimmer und Pool. Herrlich ruhige Alleinlage an kaum befahrener Nebenstraße mit tollem Ausblick. Ebenfalls schön ist die große Außenküche mit Grill.
Calle Los Lirios • Tel. 9 22 43 06 25 • www.islabonita.es • €€
2,5 km nördl. von Puntallana

Die vielen wolkenfreien Nächte bieten ideale Bedingungen für das Observatorium unweit des Gipfels des Roque de los Muchachos (▶ MERIAN TopTen, S. 87).

Touren und Ausflüge

Mit dem Mietwagen lässt sich wunderbar die ganze Insel erkunden. Wer die Naturwunder La Palmas hautnah erleben möchte, kann sich auf zahllosen Wanderrouten zu Fuß auf den Weg machen.

Von Los Llanos aus den Westen erkunden – Playa de la Veta und Cascada de Colores

Charakteristik: Kurze Autotour mit steilem Spaziergang zu einem einsamen Strand und Wanderung mit kleinen Klettereinlagen durch ein Flussbett **Dauer:** 1,5 Std. (Autotour) und 4,5 Std. (Wanderung) **Länge:** ca. 27 km und 12 km **Anfahrt (zur Wanderung):** In Los Llanos von der Hauptstraße in die Avenida Dr. Fleming, dann vor dem Parkhaus rechts abbiegen. An der nächsten Straße links, danach rechts halten und der Straße ca. 4,5 km bis zum Parkplatz am Grund der Schlucht folgen **Einkehrtipp:** La Luna, Calle Fernandez Taño 26, Los Llanos, Tel. 9 22 40 19 13, www.lalunalapalma.com, tgl. 12–14 und ab 19 Uhr € • Autobar Fé y Alegría, LP-1, La Punta, Tijarafe, tgl. 13–0 Uhr €

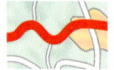 B 3–4

Bei der Autotour warten ein herrlicher Ausblick über das Aridanetal und ein Abstecher in eine malerische Badebucht. Vom Ausgangspunkt Los Llanos bietet sich außerdem eine lohnende Wanderung an: entlang des kleinen Bachs Río Taburiente vorbei an mächtigen Felsen bis zu einem Wasserfall, dessen eisenhaltiges Wasser den Fels darunter rot färbt.

Los LLanos ▸ Mirador El Time
Fahren Sie von Los Llanos aus in westlicher Richtung (nach unten) und folgen Sie der Beschilderung »LP-1-Tijarafe«. Nach nur wenigen Hundert Metern geht es rechts ab in die Schlucht **Barranco de las Angustias**. Diese gilt es nun in zahlreichen Kurven zu durchqueren. Auf dem Grund der Schlucht steht nur wenige Meter von der Hauptstraße entfernt die **Kirche Nuestra Señora de las Angustias**, die vor allem im Frühjahr einen Blick wert ist: Dann stehen vor dem schneeweißen Bau mehrere große Yacaranda-Bäume in prächtiger Blüte. Folgen Sie nun der Straße wieder den Berg hinauf. Oben angekommen, sehen Sie linker Hand die **Cafetería El Time**. Auf deren

Vorplatz kann man bei einem Kaffee oder Barraquito atemberaubende Blicke über einen Großteil des Südwestens der Insel genießen.

Mirador El Time ▸ Playa de la Veta
Vom Mirador (Aussichtspunkt) aus geht es nun weiter auf der LP-1 durch die Ortschaften **La Punta** und **Tijarafe** hindurch. Etwa 2,5 km nach dem Ortszentrum von Tijarafe sehen Sie an der rechten Straßenseite einen Gebäudekomplex mit einer Bar namens Guagua und einem Baumarkt. Biegen Sie gegenüber dem Baumarkt links ab und folgen Sie der teils sehr schmalen und steilen, 5 km langen Zufahrt, bis sie einen Parkplatz an einer Klippe erreichen. Von hier aus führt ein Fußweg hinab zur **Playa de la Veta** (▸ MERIAN Tipp S. 15). Der Abstieg dauert etwa 30 Minuten; unterwegs genießen sie malerische Blicke über die Steilküste.

Los LLanos ▸ Cascada de Colores
Ebenfalls in Los Llanos startet die Wanderung zur Cascada de Colores. Dabei müssen zwar keine größeren Höhenunterschiede bewältigt werden, allerdings erfordert das Geröll im Flussbett Trittsicherheit. Immer

Von Rostrot über Orange bis hin zu leuchtend Gelb – die Felsen an der Cascada de Colores (▶ S. 101) bieten ein prächtiges Farbenspiel.

wieder muss auch der Bach überquert werden. Folgen Sie vom Parkplatz aus der Straße, bis sie das Flussbett kreuzt, und gehen Sie dann nach rechts. Von hier geht es über Felsen und Geröll in die **Angustias-Schlucht** hinein. Nach etwa 20 Minuten im Flussbett erreichen Sie eine Engstelle, an der links ein gelb markierter Wanderpfad abzweigt und von hier parallel zur Schlucht verläuft. Bleibt man im Flussbett, erreicht man nach wenigen Metern eine kleine Felsstufe. Je nach Wasserstand können Sie von hier aus dem Flussbett weiter folgen. Andernfalls müssen Sie den Wanderpfad nehmen. Gut 15 Minuten später kreuzt der Pfad erneut das Bachbett, das inzwischen recht eng ist. Direkt stromaufwärts befindet sich eine herrliche Badegumpe in einem kleinen Felsenkessel. Mit etwas Klettergeschick können Sie hier rechts die Felswand hinaufsteigen und direkt am Rand des Felsenkessels entlang weitergehen. Ansonsten folgen Sie dem Wanderweg. Halten Sie sich nun an den markierten Pfad. Nach insgesamt etwa zwei Stunden sehen Sie zu Ihrer Rechten einen lang gezogenen Betonbau und direkt voraus ein Wehr – Sie haben die Wasserscheide **Dos Aguas** erreicht, an der der Río Almendro Almargo in den Río Taburiente fließt. Nachdem sie das Wehr linker Hand passiert haben, gilt es nun, einen Weg über den hier recht breiten Fluss zu finden. Dann halten Sie sich rechts und folgen dem Río de Taburiente. Wenig später wartet eine anspruchsvollere Kletterpartie: entweder die Felsrippe auf der linken Uferseite hinauf oder auf glitschigen Felsen den Bach entlang. Haben Sie diese Hürde gemeistert, liegt der bunte Wasserfall an der alten Staustufe direkt vor Ihnen.

Tour durch den jüngsten Teil der Insel – Vulkan Teneguía und Salinen

Charakteristik: Autotour mit kurzer Besteigung des jüngsten Vulkans von La Palma, anschließend Besichtigung der Salinen **Dauer:** 2 Std. **Länge:** 15 km **Einkehrtipps:** El Jardin de Sal, Carretera del Faro, Fuencaliente, Tel. 9 22 41 15 23, Mo–So 12–18, Fr–Sa 19–21 Uhr €€€ • Kiosco de Puntalarga, Carretera la Costa, Puntalarga, Tel. 9 22 69 60 37, Fr–Mi 10–23 Uhr €€

 C 6

Dieser Ausflug führt Sie an die Spitze des erst 1971 entstandenen Vulkans Teneguía und zur letzten noch aktiven Saline der Kanaren. Von dort aus sind es keine 2 km zu einem bislang wenig besuchten Sandstrand.

Los Canarios ▶ Vulkan Teneguía

Die Fahrt beginnt an der Hauptstraße in Los Canarios. Aus Richtung Los Llanos kommend biegen Sie an der Gabelung, in deren Mitte die kleine Tankstelle steht, rechts ab. Die Straße schlängelt sich nun in drei Spitzkehren durch kleine Siedlungen hindurch an der Küste hinab. Nach etwa 5 km haben Sie das bewohnte Gebiet hinter sich gelassen und fahren durch eine karge Landschaft aus schwarzem Vulkangestein und vereinzelten Büschen. 6,5 km nach der Tankstelle erreichen Sie eine Abzweigung, an der ein braunes Schild bereits auf den **Vulkan Teneguía** ⭐ hinweist. Biegen Sie also rechts ab. Die Straße, die nun zwischen niedrig ummauerten Weinfeldern hindurchführt, verwandelt sich schnell in eine Schotterpiste. Zu Ihrer Linken erkennen Sie schon bald den rotbraunen Kegel des Teneguía, zur Rechten erhebt sich ganz in Schwarz der größere **San Antonio**. Kurz, bevor Sie den Fuß des Letzteren erreicht haben, zweigt halb links das letzte Stück der Zufahrt zum Teneguía ab. Die Piste ist hier oft ausgewaschen – stellen Sie das Auto gegebenenfalls so am Wegesrand ab, dass andere vorbeifahren können, und gehen Sie zu Fuß weiter. Nun geht es auf einem schmalen Fußpfad über einen Grat am Rücken des Kraters hinauf, was ein wenig Trittsicherheit erfordert. Der Teneguía ist zwar längst erloschen, doch hin und wieder steigen noch Schwefeldämpfe auf. Der Aufstieg führt direkt zur höchsten Erhebung (439 m) des Kraters. Von hier aus geht es noch etwa 200 m am Kraterrand entlang bis zu einem zweiten »Gipfel«, von dem man einen tollen Blick über den Süden der Insel und die surreale Landschaft genießt.

Vulkan Teneguía ▶ Salinas de Fuencaliente

Anschließend geht es wieder mit dem Auto zurück zur Hauptstraße, die Sie zuvor in Richtung Teneguía verlassen haben. Biegen Sie nun rechts ein und folgen Sie dem Straßenverlauf. Nach etwa 4 km nehmen Sie in einer Rechtskurve eine Abzweigung nach links, die zu den **Salinen** ⭐ führt. Der Parkplatz befindet sich nicht direkt dort, sondern vor den beiden Leuchttürmen. Von dort aus führt ein kleiner Fußweg in die Anlage. Schautafeln an den Becken

Die Verdunstungsbecken in den Salinas de Fuencaliente (▶ MERIAN TopTen, S. 81) werden von massiven Mauern aus Lavasteinen geschützt.

informieren über den Prozess der Salzgewinnung sowie über Algen und Mikroorganismen, die in den Becken leben, und über die hiesige Vogelwelt. Die erste Verdunstungsstufe befindet sich am landeinwärts gelegenen Ende der Anlage; am besten beginnt man dort.

Salinas de Fuencaliente ▶
Los Canarios
Nach der Besichtigung der Saline lädt das Restaurant El Jardin de Sal gleich vor Ort zur Einkehr ein, und im angeschlossenen Laden kann man das Salz von Fuencaliente zu relativ günstigen Preisen erstehen. Sollten Sie im Anschluss noch Lust auf ein Bad im Meer haben, wartet ein Sandstrand, die **Playa Echentive**, nur wenige Minuten entfernt. Fahren Sie zurück zur Hauptstraße, biegen Sie links ein und parken Sie 1 km später in der kleinen Parkbucht gegenüber dem Wegweiser. Hier befindet sich auch die heiße Quelle von Fuencaliente, auf der 2016 ein Thermalbad errichtet werden soll. Zurück nach Los Canarios geht es von hier entweder über Las Indias, oder in umgekehrter Richtung auf dem Hinweg.

Trekking in der Cumbre Vieja – Panoramatour auf den Vulkankrater Pico Birigoyo

Charakteristik: Wanderung auf einen Vulkangipfel mit tollen Ausblicken auf der Ost- und Westseite des Berges. Aufstieg und Abstieg sind kurz, aber sehr steil, und beim Abstieg kann es rutschig werden, besonders nach starken Regengüssen **Dauer:** 2,5 Std. **Länge:** 6 km **Schwierigkeitsgrad:** Mittel, aber es besteht die Gefahr von starken Winden auf dem Gipfel **Anfahrt:** Von El Paso aus 1 km nach dem Centro de Visitantes rechts in Richtung »El Pilar« abbiegen, dann sind es noch 8,5 km bis zum großen Parkplatz **Einkehrtipp:** Keine Einkehrmöglichkeit!

C 4

Machen Sie diesen Ausflug am besten bei absolut klarem Wetter, denn Wolken behindern nicht nur den Ausblick vom Gipfel, sie sorgen auch für Orientierungsprobleme auf den nicht immer gut gekennzeichneten Pfaden. Über die Gipfelregion pfeifen zudem oft heftige Winde, vor denen man sich mit entsprechender Kleidung schützen sollte.

El Pilar ▸ Montaña de Barquita
Schon bei der Anfahrt zum Ausgangspunkt der Wanderung gibt es ein erstes Highlight zu bestaunen. Kurz vor dem Parkplatz in El Pilar führt die Straße durch Lavafelder des **Llano del Jable**, einer Eruptionsspalte, die beim letzten großen Ausbruch des San Juan im Juli 1949 entstand. Vereinzelte junge Kiefern

Der Blick vom Pico Birigoyo (▸ S. 105) schweift über Pinienwälder und den »Wolkenwasserfall« über der Cumbre Nueva. Im Hintergrund liegt das Valle Aridane.

ragen hier aus dem pechschwarzen Lavagrus. Ist das Auto auf dem Parkplatz abgestellt, gehen Sie über die Straße in den kleinen Talkessel, in dem sich ein Spielplatz und Grillhäuser befinden. Am Ende des Kessels findet man eine Hinweistafel und einen roten Wegweiser, der den Wanderweg GR-131 in Richtung Los Canarios nach rechts ausschildert. Folgen Sie diesem Wegweiser auf den zunächst recht steil ansteigenden Waldpfad. Nach etwa zehn Minuten weist am rechten Wegrand eine Informationstafel auf die verschiedenen Gipfel der Caldera hin, die man von dort aus sehen kann. Weitere zehn Minuten später passieren Sie eine Einmündung mit einem gesperrten Pfad und folgen den roten Wegweisern weiter in Richtung Los Canarios. Nun flacht der Wanderweg ab und gewährt kurz darauf zum ersten Mal einen Blick auf das Aridanetal und die **Cumbre Nueva**, einen Gebirgssattel zwischen der Caldera und der Vulkankette Cumbre Vieja. Es folgt ein kurzer Abstieg durch ein Geröllfeld, an dessen Ende der Pfad in einen etwas breiteren Forstweg mündet. Biegen Sie dort links ein. Nach insgesamt gut 45 Minuten zweigt der GR-131 erneut als kleiner Pfad rechts ab. Bleiben Sie jedoch weiter auf dem Forstweg, bis Sie kurz darauf eine Feuerschneise erreichen, an deren Ende sich der Weg verengt. Nun geht es nach links steil im Zickzackkurs den gerodeten Hang hinauf. Etwas über zehn Minuten später wird die Anstrengung mit dem ersten herrlichen Ausblick von der **Montaña de Barquita** belohnt, auf der Sie sich nun befinden. Hinter Ihnen erhebt sich die Montaña los Charcos, und vor sich sehen

Sie bereits den Pico Birigoyo. Direkt am Ende dieses Aufstiegs befindet sich links einer der vorerst letzten, für eine kleine Verschnaufpause geeigneten Schattenplätze.

Montaña de Barquita ▸ Gipfel des Pico Birigoyo

Rechts führt der Wanderweg nun auf dem Kraterrand der Montaña de Barquita entlang. Nach etwa 300 m geht es zwischen niedrigen Büschen hindurch in einen kleinen Sattel, der die Montaña de Barquita mit dem Pico Birigoyo verbindet. Folgen Sie dem Trampelpfad, der sich bisweilen verzweigt und wieder vereint, bis er durch eine Gruppe aus vier großen Kiefern hindurchführt. Nach weiteren 100 m gabelt sich der Pfad. Nehmen Sie die Abzweigung nach rechts und steigen Sie weiter den Hang hinauf. Kurz darauf erreichen Sie den Kraterrand des **Pico Birigoyo** und folgen dem Pfad nach rechts bis zur Betonsäule, die den 1807 m hohen Gipfel markiert. Der Ausblick, der sich hier eröffnet, kann getrost als atemberaubend bezeichnet werden.

Gipfel des Pico Birigoyo ▸ El Pilar

Nachdem Sie sich sattgesehen haben, führt nun rechts ein steiler Pfad über den rutschigen Rücken des Pico Birigoyo hinunter. Nach gut 15 Minuten erreichen Sie wieder den Kiefernwald, und gleich im Anschluss führt der Weg nach links in eine Feuerschneise hinab. Ungefähr 200 m weiter wird die Schneise von einem Forstweg gekreuzt, dem sie nun nach links in den Wald hinein folgen. Kurz darauf verengt sich der Weg zu einem kleinen Trampelpfad, der schon bald in den Wanderweg mündet, den Sie am beginn der Wanderung durch den Wald hinaufgestiegen sind.

Durch den wilden Norden der Insel – Mit dem Auto zum Roque de los Muchachos

Charakteristik: Ausgedehnte Autotour durch den Norden zum höchsten Berg der Insel mit kurzer Wanderung zum Barranco del Agua in Los Tilos **Dauer:** Tagesausflug **Länge:** 127 km **Einkehrtipps:** Casa Demetrio, LP-105, am Ende der Zufahrt zu Los Tilos, Tel. 9 22 45 05 19, Juni–Nov. 10–19 Uhr, Dez.–Mai 10–17 Uhr €€€ • El Canal, Carretera General 2, Los Sauces, Tel. 9 22 45 08 43, Mo–Sa 13–16.30 und 20–23.30 Uhr €€€

 B2–D4

Santa Cruz ▸ Los Tilos

Die Fahrt beginnt in Santa Cruz de La Palma. Fahren Sie auf der Avenida Marítima in Richtung Norden aus der Stadt hinaus und den Berg hinauf, bis Sie einen Kreisverkehr erreichen, dort fahren Sie rechts. Geradeaus weiter folgen Sie der LP-1, die sich die nächsten Minuten an der Küste entlangwindet und dann etwas weiter landeinwärts führt. Das Meer bleibt jedoch fast immer in Sicht. Nach zehn Minuten passieren Sie die Ortschaft **Puntallana**, und weitere zehn Minuten später erreichen Sie kurz vor Los Sauces eine breit ausgebaute T-Kreuzung. Ein Wegweiser beschildert die LP-105 und, braun hinterlegt, Los Tilos. Biegen Sie links ab und folgen Sie der Straße. Nach 1200 m biegen Sie in einer Rechtskurve links ab. Fahren Sie 2,5 km weiter, bis Sie das Info-Zentrum von **Los Tilos** ★ erreicht haben. Rechter Hand befindet sich der Parkplatz, der zum Restaurant Casa Demetrio gehört. In der Kurve unterhalb des Parkplatzes zweigt (von oben gesehen) nach rechts der Weg in den **Barranco del Agua** ab. Er führt zunächst an einem Kanal entlang, dann die Treppe hinunter bis auf den Grund der Schlucht, wo

Sie dem Verlauf des Bachbetts flussaufwärts folgen. Nach einigen Minuten gelangen Sie an einen Engpass, wo im Sommer manchmal ein künstlicher Wasserfall hinabstürzt – dann ist es kaum möglich, hier trockenen Fußes zu passieren. Ansonsten geht es weiter durch die Schlucht, die an tropische Canyons erinnert. Kurze Zeit später gilt es, eine kleine Felsstufe zu überwinden, und nach etwa einer Dreiviertelstunde erreichen Sie einen Felskessel, der über und über mit kleinen Steinmännchen vollgestellt ist. Das Ziel ist erreicht, und es geht auf demselben Weg wieder zurück.

Los Tilos ▸ Observatorium Roque de Los Muchachos

Vom Parkplatz aus fahren Sie wieder bis zur einspurigen Straße, biegen links ein und folgen ihr, bis Sie den Kreisverkehr in **Los Sauces** erreichen. Jetzt geht es nach links (zweite Ausfahrt) und auf der LP-1 weiter in Richtung Barlovento. Bis zum **Roque de los Muchachos** ★ sind es von hier noch etwa 90 Minuten. Nach 9 km biegen Sie in Barlovento an der großen Kreuzung rechts in Richtung Garafía ab. Eine gute Stunde geht es dann über gewundene Straßen entlang der maleri-

Bananen gedeihen besonders gut im feuchten Barranco del Agua (▶ S. 106). Über das Tal spannt sich der filigrane Puente de Los Tilos.

schen Küste des Nordens mit ihren grünen Berghängen und verschlafenen Dörfchen. Nach 24 km passieren Sie eine Straßenkreuzung, an der das Informationszentrum **Llano Negro** steht. 3 km weiter biegen Sie scharf links auf die LP-4 zum **Observatorium** (ausgeschildert) ein. Nun beginnt eine steile ansteigende Bergfahrt, die Sie bis über die Wolken führt. Nach 12 km auf der LP-4 geht es noch einmal rechts ab, dann sind es noch 3,5 km bis zum Parkplatz. Falls Ihnen die Atmosphäre hier oben über den Wolken noch nicht den Atem geraubt hat, führt ein zehnminütiger Fußweg zu einem Aussichtspunkt mit Blick in die Caldera.

Observatorium ▶ Santa Cruz

Auf dem Rückweg fahren Sie die 3,5 km zurück zur LP-4 und folgen den Schildern Richtung Santa Cruz nach rechts. Hier erleben Sie auf den ersten Kilometern noch einmal eine fremdartige, kahle Landschaft aus roten Felsen. Bis hinunter zur Einmündung in die LP-1 sind es jetzt 36 km. Dort angekommen, biegen Sie noch einmal rechts ab. Nach wenigen Minuten erreichen Sie Santa Cruz.

Im Schatten des Lorbeer-Urwalds – Wanderung durch den Cubo de la Galga

Charakteristik: Mehrstündige Wanderung durch dichten dschungelartigen Wald mit einigen steilen Abschnitten. Die gut begehbaren Pfade liegen fast ausschließlich im Schatten **Dauer:** 3,5 Std. **Länge:** 6,7 km **Schwierigkeitsgrad:** Leicht bis mittelschwer **Anfahrt:** Ausgangspunkt ist der kleine Parkplatz mit dem Informationshäuschen, der sich nördlich der Ortschaft La Galga auf der linken Seite zwischen den beiden ersten Tunnels befindet **Einkehrtipp:** keine Einkehrmöglichkeit!

D 2

Vom Parkplatz aus nördlich von La Galga geht es auf dem kleinen asphaltierten Fahrweg bergauf in die Schlucht Barranco de la Galga.

La Galga ▸ Talkessel
Bereits nach wenigen Hundert Metern gehen Sie an einem überwucherten Bachbett entlang mitten durch dichten Wald, der mit seinen Lorbeerbäumen und großen Farnen an einen tropischen Urwald erinnert. Nach etwa 15 Minuten weicht der Asphalt einer Schotterpiste und das Blätterdach zieht sich noch einmal für eine Weile zurück. Dadurch wird der Blick frei für die über 100 m steil aufragende Wand der Schlucht. Sie passieren nun ein Steintor unter einem alten Aquädukt, und nach einer Gesamtwanderstrecke von gut

Im dichten Wald im Talkessel Cubo de la Galga (▸ S. 109) sind Wanderer umgeben von üppiger Vegetation und reißenden Wasserläufen.

einer halben Stunde erreichen Sie eine **T-Kreuzung**, an der ein grünes Schild auf einem kleinen Pfosten den Weg nach links weist. Wenn Sie einen kurzen abenteuerlichen Abstecher machen möchten, folgen Sie hier der Piste nach rechts, bis sie nach wenigen Minuten eine Lichtung erreichen. Überqueren Sie diese und gehen Sie weiter auf dem schmalen Pfad am Fels entlang, der Sie anschließend durch einige niedrige, tunnelartige Durchgänge im Dickicht führt. Vorsicht, es kann etwas stachelig werden! Und je nach Jahreszeit ist der Pfad eventuell vollständig von Gestrüpp versperrt. Ansonsten erreichen Sie nach einem Rechts- und kurz darauf folgenden Linksknick im Weg und einer Stufe über einen Baumstumpf eine romantische kleine Lichtung mit **Wasserfall** direkt an der Wand der Schlucht. Anschließend geht es wieder zurück zur T-Kreuzung; folgen Sie diesmal der grünen Markierung auf dem Pfosten. Kurz darauf durchquert der Weg das Bachbett und steigt über einige Stufen zu einem kleinen Rastplätzchen hinauf. Jetzt befinden Sie sich im Herzen des Talkessels **Cubo de la Galga**.

Talkessel ▶ Mirador de Somada Alta
Gehen Sie weiter geradeaus und folgen Sie dem Pfad zwischen den dicht wachsenden Farnen bergauf und unter einem weiteren Aquädukt hindurch, das aus unbehauenem Lavastein besteht. Nach etwa zwei Minuten folgt erneut eine T-Kreuzung, an der Sie rechts in Richtung »Mirador de Somada Alta« abbiegen. Der Wanderweg führt nun eine Zeit lang am Rand der Schlucht bergauf, ehe er wieder auf das Bachbett trifft. Nach insgesamt einer guten Stunde

liegt der Talkessel hinter Ihnen, und der Wanderpfad stößt auf eine breitere Piste, wo Sie sich nach links wenden. Nach einem letzten, bequemeren, 1 km langen Aufstieg verlassen Sie den Wald, und über einen von Steinmauern gesäumten Zuweg gelangen Sie nach links zum **Mirador de Somada Alta**, von dem aus der Blick über den Nordosten der Insel bis hinter Los Sauces reicht.

Mirador de Somada Alta ▶ La Galga
Nachdem Sie sich sattgesehen haben, beginnt auf der unteren Ebene des Aussichtspunkts der Rückweg. Eine Treppe führt von hier aus in einen steilen Hohlweg hinab. Zwar erleichtern hin und wieder in den Boden eingearbeitete Stufen den Abstieg, doch Vorsicht ist angebracht: Vor allem nach Regentagen kann es hier äußerst rutschig werden. Nach etwa 15 Minuten passieren Sie ein Wohnhaus, und der Hohlweg endet an einer betonierten Piste. Biegen Sie hier links ein, und folgen Sie dem Wegweiser in Richtung Cubo de la Galga. Kurz darauf befindet sich am linken Wegrand eine Informationstafel der Gemeinde, und der Wanderweg zweigt scharf nach links ab, vorbei an einem kleinen Wasserverteiler-Häuschen. Nun geht es wieder etwa 15 Minuten lang bergauf, ehe der endgültige Abstieg beginnt. Weitere zehn Minuten später erreichen Sie die Abzweigung oberhalb des Aquädukts aus Lavastein. Hier geht es nach rechts, erneut unter dem Aquädukt hindurch und auf demselben Weg zurück, auf dem Sie zuvor hinaufgegangen sind. Nach 20 Minuten erreichen Sie den asphaltierten Fahrweg, und von dort aus sind es noch einmal etwa 20 Minuten bis zum Parkplatz mit dem Informationshäuschen.

Farbenprächtige Blüten stehen im Zentrum zahlreicher Feste auf
La Palma (▶ S. 118), die alljährlich mit viel Wein, Gesang und Tanz
begangen werden.

Wissenswertes über
La Palma

Nützliche Informationen für einen gelungenen Aufenthalt: Fakten über Land, Leute und Geschichte sowie Reisepraktisches von A bis Z.

Auf einen Blick

Mehr erfahren über La Palma – Informationen über Land und Leute, von Bevölkerung, Lage und Geografie über Politik und Verwaltung bis Sprache und Wirtschaft.

Amtssprache: Spanisch
Einwohner: 85 000
Fläche: 708 km²
Größte Stadt: Santa Cruz de La Palma (13 000 Einwohner)
Höchster Berg: Roque de los Muchachos (2426 m)
Internet: www.visitlapalma.es
Religion: römisch-katholisch
Währung: Euro

Bevölkerung

Von den 2,1 Millionen Einwohnern der Kanarischen Inseln leben etwa 85 000 auf La Palma. Unter den etwa 7500 gemeldeten Ausländern bilden die ca. 3600 deutschen Einwanderer die mit Abstand größte Gruppe. Was die Altersstruktur angeht, so ist der Großteil der Bevölkerung zwischen 30 und 60 Jahre alt. Viele junge Einheimische verlassen die Insel aufgrund der besseren Arbeits- und Ausbildungsmöglichkeiten auf den größeren Nachbarinseln oder dem spanischen Festland.

Lage und Geografie

Knapp 500 km von der Küste Marokkos entfernt liegt La Palma im äußersten Westen der Kanaren. Der mächtige Krater der Caldera de Taburiente macht die nur 40 km lange und 25 km breite Insel mit ihrer steil

◄ Auf La Palma werden die Zigarren noch in Handarbeit gefertigt (► S. 27).

aufragenden Landmasse zu einer der spektakulärsten der Welt. Während die Landschaft im Süden von Vulkanausbrüchen jüngerer Zeit geprägt und nur wenig Pflanzenwuchs vorzuweisen hat, finden sich weiter im Norden Waldgebiete, deren Ursprünge zum Teil bis auf die letzte Eiszeit zurückgehen. Vor allem auf der Ostseite gleichen sie dank der Niederschläge, die der Nordostpassat mit sich bringt, subtropischen Urwäldern. Die höheren Lagen im Westen sind dagegen von trockenen Kiefernwäldern bedeckt. Allgegenwärtig sind in den tieferen Regionen Mandelbäume, Opuntien, Agaven und sogenannte Dickblattgewächse. Darüber hinaus gibt es zahllose spezialisierte und zum Teil sehr seltene Pflanzen, die nur in bestimmten Bereichen vorkommen. Durch die starken Höhenunterschiede und die Differenzen bei der Sonneneinstrahlung, die sich aus der zerklüfteten Landschaft ergeben, finden sich auf La Palma unzählige Mikro-Klimazonen: Was in einem Dorf blüht und gedeiht, kann schon im nächsten kaum noch überlebensfähig sein.

Politik und Verwaltung

La Palma gehört zur spanischen Provinz Santa Cruz de Tenerife, die zusammen mit der Provinz Las Palmas die Autonome Gemeinschaft der Kanarischen Inseln bildet. Auf jeder der drei Verwaltungsebenen gibt es ein demokratisch gewähltes Parlament. Auf Inselebene heißt es »Cabildo«. Die politische Landschaft La Palmas ist dabei relativ ausgeglichen mit gewissen Vorteilen für die nationalistische Coalición Canaria (CC). Diese palmerische Vorliebe gründet weniger auf rechtspolitischen Gesinnungen, als darauf, dass man sich auf La Palma den Kanaren zugehörig fühlt, nicht dem spanischen Festland. Die beiden großen spanischen Parteien PSOE und PP sind auf La Palma ebenfalls vertreten, erlangen jedoch keine regierungsfähigen Mehrheiten, ohne Koalitionen zu bilden.

Sprache

Amtssprache der Kanaren ist Spanisch, das hier allerdings mit einem eigenen Dialekt gefärbt ist. Wie im südamerikanischen Spanisch wird vielfach die zweite Person Plural (»vosotros«) durch die dritte (»ustedes«) ersetzt. Neben wenigen spezifischen Wörtern wie »la guaga« für Autobus und »la papa« für Kartoffel ist aber vor allem die Aussprache charakteristisch. Das S wird im Auslaut nur angehaucht (»buenoh diah« statt »buenos dias«), und viele unbetonte Konsonanten werden weggelassen oder nur angedeutet.

Wirtschaft

Trotz wachsender Touristenzahlen bleibt die Landwirtschaft nach wie vor das wichtigste Standbein La Palmas. Der größte Wirtschaftszweig ist der Bananenanbau, der mit aufwendiger und intensiver Bewässerung betrieben wird und auf Subventionen angewiesen ist. Knapper werdendes Wasser sowie strengere Vorschriften und steigende Preise bei Pflanzenschutzmitteln bringen die Branche zunehmend in Schwierigkeiten. Angesichts der wirtschaftlichen Gesamtsituation Spaniens ist der Tourismus der Hoffnungsträger Nummer eins für La Palma.

Geschichte

Ab ca. 1000 v. Chr.
Berberstämme aus Nordafrika besiedeln in mehreren Wellen die Kanarischen Inseln.

Ca. 500 v. Chr.
Phönizische und karthagische Seefahrer erreichen vermutlich als erste Besucher die Insel.

1344
Papst Clemens VI. ernennt Luis de la Cerda, den Sohn des spanischen Königs Alfonso XI, zum Souverän der Kanarischen Inseln.

1402–1405
Jean de Béthencourt versucht im Auftrag des spanischen Königs Enrique III. die Kanarischen Inseln zu erobern. Es gelingt ihm, Lanzarote, Fuerteventura und Hierro zu unterwerfen. Die Urbevölkerung der anderen Inseln widersetzt sich mit Erfolg.

1492
Alonso Fernández de Lugo beginnt im Auftrag der spanischen Krone, La Palma zu erobern. Der Stammesfürst Tanausú leistet erbitterten Widerstand und kann erst durch einen vorgetäuschten Waffenstillstand überwältigt werden. Im Frühjahr 1493 ist La Palma vollständig unter Kontrolle der spanischen Krone.

Ab 1508
Das 1493 gegründete Santa Cruz wächst zu einem Zentrum des Handels mit Amerika heran. Kaufleute lassen im Aridanetal Zuckerrohrplantagen anlegen.

1610
Sevilla festigt mit neuen Gesetzen sein Monopol auf den Handel mit Amerika. Entsprechend leiden die Geschäfte auf den Kanaren.

1657
Schiffe auf dem Weg nach Amerika müssen sich nun in Teneriffa registrieren. Der Amerikahandel über den Hafen von Santa Cruz de La Palma kommt zum Erliegen.

1778
König Carlos III. gibt den Amerikahandel für alle Hafenstädte Spaniens wieder frei. Auf La Palma setzt man auf neue Exportgüter wie Honig und Seide, und die Wirtschaft erholt sich.

1822
Santa Cruz de Tenerife wird Hauptstadt der Kanarischen Inseln.

1830
Aus Mexiko wird die Cochenille-Schildlaus eingeführt, um im großen Stil roten Farbstoff zu produzieren. Das Geschäft läuft gut, doch schon 1880 setzen sich künstliche Anilinfarben durch.

1852
Die spanische Königin Isabel II. erklärt die Kanarischen Inseln zur Freihandelszone, um die Wirtschaft dort zu stärken. Dennoch wandern viele Einwohner La Palmas während der nächsten 100 Jahre nach Südamerika aus, um der Armut zu entrinnen.

1927
Die Kanarischen Inseln werden in zwei Provinzen aufgeteilt. Die westliche Provinz bilden Teneriffa, La Palma, La Gomera und El Hierro.

1936–1939
General Franco organisiert von Teneriffa aus einen Putsch gegen die republikanische Zentralregierung in Madrid: Der Spanische Bürgerkrieg bricht aus und währt drei Jahre. La Palma stellt sich mehrheitlich auf die Seite der Republik und leistet dem Franco-Regime in den folgenden Jahren Widerstand.

Ab 1960
Viele palmerische Emigranten kehren aus Lateinamerika zurück und investieren ihre Ersparnisse. Zusammen mit der wirtschafts-politischen Liberalisierung des Franco-Regimes verhilft dies La Palma zu einem erheblichen Aufschwung. Auch der Tourismus nimmt nun stark zu.

1975
General Franco stirbt, Juan Carlos I. wird zum König Spaniens gekrönt. 1978 wird Spanien konstitutionelle Monarchie und erhält eine neue demokratische Verfassung.

1984
Die Kanarischen Inseln erhalten den Status einer autonomen Region mit zahlreichen Selbstverwaltungs-rechten.

1986
Spanien tritt der Europäischen Gemeinschaft bei; den Kanaren wird vorerst ein Sonderstatus zugebilligt. 1993 werden die Kanarischen Inseln in die EG integriert. Einige Sonderregelungen, v. a. bei Zöllen und Steuern, bestehen weiterhin.

2002
Die gesamte Insel La Palma und ein Teil ihrer Meeresschutzgebiete werden zum UNESCO-Biosphären-reservat erklärt.

2007
Auf dem Roque de los Muchachos wird das weltgrößte Spiegelteleskop errichtet.

2013
Der Flughafen von La Palma verzeichnet einen Rückgang ausländischer Passagiere um 20 %. Der Trend ist insgesamt rückläufig.

Reisepraktisches von A–Z

ANREISE

MIT DEM FLUGZEUG

Direktflüge zum Flughafen von La Palma (IATA-Code SPC) von diversen deutschen Städten aus können bei AirBerlin (www.airberlin.com), Condor (www.condor.de) und TUIfly (www.tuifly.com) gebucht werden. Alle drei Fluggesellschaften bieten über ihre Webseiten auch Pauschalreisen an. Von Düsseldorf aus fliegt zudem die Gesellschaft Germania. In den Hauptreisezeiten, an den Feiertagen um Weihnachten und Neujahr sowie in der Sommerferienzeit im Juli und August, sind die Flüge erheblich teurer. Das ganze Jahr über sollte man früh reservieren, da auf vielen Strecken nur eine Maschine pro Woche verkehrt. Wer nicht zwingend direkt fliegen will, kann z. B. bei der spanischen Gesellschaft Iberia (www.iberia.de) einen Flug mit Zwischenstopp in Madrid oder Barcelona buchen, wobei die Preise hier oft nur geringfügig unter den Direktflügen liegen. Bessere Einsparungsmöglichkeiten bieten Sonderangebote für Flüge nach Gran Canaria oder Teneriffa. Von dort aus geht es dann mit der kanarischen Airline Binter (www.bintercanarias.com) weiter; zwischen den Inseln starten stündlich Flüge. Vorsicht auf Teneriffa: Flüge vom Festland landen für gewöhnlich in Teneriffa Süd, während La Palma nur von Teneriffa Nord aus angeflogen wird. Der Flughafen von La Palma liegt ca. 7 km südlich der Hauptstadt Santa Cruz. Eine Taxifahrt in die Innenstadt kostet etwa 10 €. Direkt vor dem Terminal fährt außerdem halbstündlich ein Bus der Linie 500 nach Santa Cruz. Die Fahrt dauert 15 Minuten und kostet 2,10 €. Auf www.atmosfair.de und www.myclimate.org kann jeder Reisende durch eine Spende für Klimaschutzprojekte für die CO_2-Emissionen seiner Flugreise aufkommen.

MIT DEM SCHIFF

Jeden Dienstag legt vom andalusischen Cádiz aus eine große Autofähre der spanischen Gesellschaft Acciona Trasmediterránea (www.trasmediterranea.es) in Richtung La Palma ab. Die Überfahrt dauert jedoch zwei Tage und 15 Stunden und kostet bereits ohne PKW und eigene Kabine in etwa so viel wie ein Flug. Die über 1000 €, die für zwei Personen mit Auto fällig werden, dürften also allenfalls für Langzeitreisende interessant sein, die mehrere Monate mit ihrem Wohnmobil auf den Kanaren verbringen möchten. Gebucht werden kann entweder über die Webseite von Transmediterránea selbst oder bei einem Drittanbieter wie z. B. Aferry (www.aferry.de). Alternativ gibt es die Möglichkeit, mit der Schnellfähre von Naviera Armas (www.navieraarmas.com) von Huelva nach Teneriffa zu fahren und von dort aus auf einer der Fähren von Lineas Fred Olsen (www.fredolsen.es) oder Naviera Armas nach La Palma weiterzureisen. Folgende regelmäßige Fährverbindungen existieren zwischen den einzelnen Kanarischen Inseln: Lineas Fred Olsen verkehrt zwischen La Palma, Teneriffa und La Gomera. Naviera Armas bedient La Palma, Teneriffa, El Hierro, La Gomera, Gran Canaria und Lanzarote.

AUSKUNFT

IN DEUTSCHLAND, ÖSTERREICH
UND DER SCHWEIZ

Turespaña
– Lietzenburger Str. 99, 10707 Berlin •
Tel. 0 30/8 82 65 43 • www.spain.
info/de
– Walfischgasse 8/14, 1010 Wien •
Tel. 00 43/15 12 95 80 11 • www.
spain.info/at
– Seefeldstr. 19, 8008 Zürich •
Tel. 00 44/2 53 60 50 • www.spain.
info/ch

AUF LA PALMA
Oficina de Información Turistica
▶ Klappe hinten, c 5
Avenida Blas Peres González s/n,
38700 Santa Cruz de La Palma •
Tel. 9 22 41 21 06 • www.cit-lapalma.
com

BUCHTIPPS

**Harald Braem: Tanausú: König der
Guanchen** (Zech Verlag, 2015) Dieser historische Roman schildert die
Eroberung La Palmas und den Widerstand, den der unbezwingbare
Tanausú und sein Stamm leisteten,
aus der Sicht beider Parteien. Ein
fundierter und unterhaltsamer Einblick in die Kultur der Ureinwohner.
Wulf Göbel: La Palma, die Canarische Insel (konkursbuch, 1996) Ein
Reisebuch mit Geschichten und Gedichten über das Leben und die Kultur La Palmas. Sagen, Feste und Traditionen werden in kurzen, zweisprachigen Erzählungen beleuchtet.
Harald Körke: Die Kräuter des langen Lebens (konkursbuch, 2013)
Harald Körkes Gespräche mit den
Ältesten auf La Palma über das Leben in ihrer Kindheit enthüllen nicht
nur Faszinierendes über alte palmerische Hausmittel. Sie zeichnen auch

ein lebendiges Bild des Lebens auf La
Palma in vortouristischen Zeiten.

DIPLOMATISCHE VERTRETUNGEN

Deutscher Honorarkonsul
▶ Klappe hinten, f 2
Avenida Marítima 66, Eingang über
Calle Jorge Montero, 38700 Santa
Cruz de La Palma • Tel. 9 22 42 06 89

Österreichisches Konsulat
Avda. de Italia 6 (Hotel Escorial), 35100
Playa del Ingles / Las Palmas, Gran
Canaria • Tel. 9 28 76 13 50 • E-Mail:
consuladodeaustria@gmail.com

Schweizer Konsulat
Urbanisación Bahía Feliz, Edificio
de Oficinas, Local 1, 35107 Playa de
Tarajalillo, Gran Canaria • Tel. 9 28
15 79 79 • E-Mail: chkonsulat.islas
canarias@gmail.com

FEIERTAGE

Es gibt zahlreiche Patronatstage, die
sich von Gemeinde zu Gemeinde
unterscheiden und jeweils als Feiertag gelten. Inselweite Feiertage sind:
1. Jan. Nuevo Año (Neujahrsfest)
6. Jan. Los Reyes Magos
(Heilige Drei Könige)
März/April Semana Santa
(Karwoche und Osterfest)
1. Mai Día del Trabajo (Tag der Arbeit)
30. Mai Día de Canarias
(Tag der Kanaren)
25. Juli Santiago Apostól
(Heiliger Jakob)
15. Aug. Asunción de la Virgen
(Mariä Himmelfahrt)
12. Okt. Día de la Hispanidad
(Nationalfeiertag)
1. Nov. Todos los Santos
(Allerheiligen)
6. Dez. Día de la Constitución
(Tag der Verfassung)

8. Dez. Inmaculada Concepción (Mariä Empfängnis)
25. Dez. Navidad (Weihnachten)

FESTE UND EVENTS

JANUAR
Los Reyes Magos
Dreikönigsfest mit Umzügen und Bescherung für die Kinder
5./6. Jan.

FEBRUAR/MÄRZ
Fiesta del Almendro en Flor, Puntagorda
Zur Mandelblüte wird mit Musik, Tanz und Verkaufsständen in der von Mandelbäumen gesäumten Hauptstraße gefeiert. Es gibt Wein, palmerische Spezialitäten und kostenlose Mandeln.
Termin je nach Blüte der Bäume

Día de los Indianos, Santa Cruz
▸ MERIAN Tipp, S. 15

APRIL
Fiesta Patronal de Nuestra Señora de Montserrat, Los Sauces
Patronatsfest mit Kulturdarbietungen und Weinverkostung.
27. April

MAI
Fiesta de la Cruz
Die Kreuze verschiedener Orte werden feierlich geschmückt und die schönsten werden prämiert.
3. Mai • Santa Cruz, Breña Baja, Breña Alta, Barlovento

Fiesta de San Isidro, Breña Alta
Viehmarkt und Volksfest
An einem Samstag Mitte Mai

Corpus Christi, Mazo
▸ MERIAN Tipp, S. 16

JUNI
Sagrado Corazón de Jesús, El Paso
Großes Fest mit Prozession und Blumenteppichen.
Termin wechselt

Fiesta de San Antonio del Monte, San Antonio del Monte
Viehmarkt in San Antonio: Rinder werden prämiert und gesegnet.
13. Juni

JULI
Bajada de la Virgen de Las Nieves
Großes Fest zu Ehren der Heiligen Jungfrau Virgen de las Nieves. Eine feierliche Prozession bringt die Madonnenfigur von La Nieves zur Plaza de San Francisco in Santa Cruz. Umfangreiches Festprogramm.
Alle fünf Jahre, das nächste Mal 2020, zwischen Juni und Aug.

Virgen de los Remedios, Los Llanos de Aridane
Etwa zwei Wochen dauerndes Patronatsfest.
Höhepunkt am 2. Juli

AUGUST
Fiesta de la Virgen del Rosario, Barlovento
Feier der Seeschlacht von Lepanto (1571) gegen die türkische Flotte.
Anfang bis Mitte Aug.

Nuestra Señora de los Dolores, Mazo
Patronatsfest mit zahlreichen volkstümlichen Aufführungen.
24. Aug.

Fiesta de la Vendimia, Fuencaliente
Fest der Weinernte mit Folkloretänzen und Weinproben.
Letzte Augustwoche

Romería de la Virgen del Pino, El Paso
Eine feierliche Prozession trägt die Marienstatue der Ermita de la Virgen del Pino nach El Paso.
Alle drei Jahre Ende Aug., das nächste Mal 2018

SEPTEMBER
La Danza del Diablo, Tijarafe
▶ MERIAN Tipp, S. 17

Fiesta de Nuestra Señora de Montserrat, Los Sauces
Buntes Patronatsfest mit Pferderennen, Musik, Sport, Kunst und Poesiedarbietungen.
Erste Septemberhälfte

DEZEMBER
Fiesta de la Purísima Concepción de Bonanza, El Paso
Patronatsfest mit Blumenteppichen.
7. Dez.

Navidad, Garafía
Hier gibt es eine schöne Mitternachtsmesse mit Krippenspielen.
24. Dez.

GELD
EC- und gängige Kreditkarten werden in allen Hotels und den meisten großen Geschäften akzeptiert. Auch in Tankstellen kann man per Karte bezahlen, außerdem in vielen Restaurants in den touristischeren Ortschaften. In kleineren Geschäften ist meist noch immer Bargeld das einzige Zahlungsmittel, und ein Großteil der Ferienhauseigentümer akzeptiert ebenfalls nur Bares. Banken haben gewöhnlich von Mo–Fr von 9–14 Uhr geöffnet, und alle größeren Orte auf La Palma verfügen über Geldautomaten.

KLEIDUNG
Aufgrund der großen Höhenunterschiede von der Küste zum Landesinneren ist die Insel von starken Temperaturschwankungen geprägt, besonders im Frühling und Herbst. Während am Strand Badewetter herrscht, können in höheren Lagen im Norden der Insel die Temperaturen deutlich unter 20 °C liegen, auf den Gipfeln der Caldera ist manchmal sogar Winterkleidung angebracht. Doch das Wetter ist nicht nur von Ort zu Ort unterschiedlich, auch die Temperaturdifferenzen zwischen Sonnen- und Schattenzonen können zu jeder Jahreszeit erheblich sein. Daher empfiehlt sich das »Zwiebelprinzip« bei der Auswahl der Kleidung: mehrere Schichten, die sich leicht an- und ablegen lassen. Auf fast allen Wanderwegen ist außerdem festes Schuhwerk unverzichtbar.

LINKS
www.spain.info
Offizielles Tourismusportal Spaniens.
www.visitlapalma.es
Umfangreiche Tourismus-Website mit Infos über Natur, Strände, Feste, Museen etc. auf La Palma.
www.disfrutalapalma.com
Website des Magazins »Disfruta!« mit Adressen und Kontaktdaten von Restaurants, Museen, Parks, Märkten, interessanten Geschäften usw.
www.islabonita.es
Buchung und Information von Ferienhäusern, Mietautos und Wanderungen, auch auf Deutsch.
www.senderosdelapalma.com
Ausführliche Informationen zum Wanderwege-Netz der Insel.
www.wochenblatt.es
Deutschsprachige Zeitung für die kanarischen Inseln.

MEDIZINISCHE VERSORGUNG
KRANKENVERSICHERUNG
Die Vorlage einer Europäischen Krankenversicherungskarte (EHIC) ist ausreichend. Als zusätzlicher Versicherungsschutz empfiehlt sich der Abschluss einer Auslandskrankenversicherung, da diese auch Krankenrücktransporte mitversichert.

KRANKENHAUS
Hospital General de La Palma
▶ Klappe hinten, westl. a 4
Breña Alta • Bda. Buenavista de Arriba s/n • Tel. 9 22 18 50 00

Centro de Salud de Santa Cruz
▶ Klappe hinten, f 1
Santa Cruz, Calle Pérez Galdós 5 • Tel. 922 41 80 27

Centro de Salud de Los Llanos de Aridane
▶ S. 61, b 2
Los Llanos, Calle Angélica Luis Acosta 2 • Tel. 9 22 40 31 91, 9 22 40 31 92

Der Hauptort jeder Gemeinde verfügt über ein Erste-Hilfe-Zentrum (»Centro de Salud«).

APOTHEKEN
Die Apotheken (»farmacias«) sind in der Regel von Mo–Sa 9–13 und Mo–Fr 17–19 Uhr geöffnet. Zu erkennen sind sie am grünen Kreuz auf weißem Grund. Ein Schild an der Tür informiert, welche Apotheke derzeit Notdienst hat.

NEBENKOSTEN
1 Tasse Kaffee . . . . 1 €
1 Bier . . . . 1,50 €
1 Cola . . . . 1,20 €
1 Brot (ca. 500 g) . . . . 1 €
1 Schachtel Zigaretten . . . . 2,60 €
1 Liter Benzin . . . . 1 €
1 Taxifahrt (pro km) . . . . 1,18 €
Mietwagen / Tag . . . . ab 20 €

NOTRUF
Euronotruf: Tel. 112 (Polizei, Feuerwehr, Rettungsdienst)

POST
Die Briefkästen der spanischen Post (»Correos«) sind gelb mit blauem Posthorn und haben zwei Einwurfschlitze – internationale Post wirft man unter »Extranjero« ein. Briefmarken sind in Tabakläden und allen Postfilialen erhältlich. Preis für eine Postkarte oder einen Brief bis 20 g nach Europa: 0,90 €.

REISEDOKUMENTE
Deutsche, Österreicher und Schweizer können mit einem gültigen Reisepass oder Personalausweis (Identi-

Klima (Mittelwerte)	JAN	FEB	MÄR	APR	MAI	JUN	JUL	AUG	SEP	OKT	NOV	DEZ
Tagestemperatur	20	21	22	23	24	26	28	29	28	26	24	21
Nachttemperatur	14	14	15	16	17	19	20	21	21	19	17	16
Sonnenstunden	6	6	7	8	9	10	11	11	8	7	6	6
Regentage pro Monat	7	5	4	2	1	0	0	0	0	4	5	7
Wassertemperatur	19	18	18	18	19	20	21	22	23	23	21	20

tätskarte) einreisen. Kinder jeden Alters benötigen seit 2012 ein eigenes Reisedokument.

REISEKNIGGE

AUSGEHEN

Die Palmeros sind lebenslustige Menschen, die Freude am Ausgehen und Feiern haben. Meist geht es im Restaurant nur mäßig förmlich zu. Es wird laut gelacht, und der Kellner darf schon mal durch den Raum herbeigerufen werden. Im Kontrast dazu steht die Eleganz der Ausgeh-Garderobe. Dennoch erntet man in einfacher Freizeitkleidung keine abschätzigen Blicke – die Palmeros sind in dieser Hinsicht tolerant.

FKK

Einziger ausgewiesener FKK-Bereich der Insel ist das Südende des Strandes von Tazacorte. In den Randbereichen der kleineren Strände sieht man jedoch immer wieder Nudisten, die von den anderen Badegästen zumindest geduldet werden.

RAUCHEN

In Restaurants, Bars, Geschäften und öffentlichen Gebäuden herrscht Rauchverbot. Raucherräume gibt es nicht, auf den Terrassen darf aber geraucht werden.

TANKEN

Auf La Palma wird man an Tankstellen noch bedient; selbst tanken ist nicht erlaubt. Ein kleines Trinkgeld für den Tankwart ist nicht Standard, wird aber gerne angenommen.

TIERE

Hunde dürfen die Innenräume von Restaurants, Cafés sowie Lebensmittelgeschäften nicht betreten. Auch an Stränden herrscht Hundeverbot. Einzige Ausnahme: der hintere Abschnitt der Playa de los Guirres.

TRINKGELD

Trinkgelder in Restaurants und Bars sind üblich, aber kein Muss. Nachdem der Kellner das Wechselgeld auf einem kleinen Unterteller gebracht hat, lässt man das Trinkgeld einfach auf dem Teller zurück.

WERTSACHEN

Die Kriminalität auf La Palma hält sich sehr in Grenzen, und die von vielen Touristenorten bekannten Taschendiebstähle kommen so gut wie nicht vor. Es empfehlen sich dennoch die üblichen Vorsichtsmaßnahmen. Schließen Sie Auto und Ferienwohnung stets ab, und lassen Sie keine Wertsachen offen und unbewacht liegen.

REISEZEIT

Auf Meereshöhe ist das Wetter fast das ganze Jahr über mild bis sommerlich warm, in den höheren Lagen ab 1000 m kann es im Winter bisweilen sogar schneien. Trotzdem liegt die Hochsaison für den Tourismus zwischen Oktober und April, denn im Winter präsentiert sich die Pflanzenwelt der Insel in ihrer ganzen Pracht. Im Sommer ist das Wetter zwar meist ebenfalls mild, doch die Calima, ein heißer, meist staubiger Wind aus der Sahelzone, bringt häufig kurze, aber kaum erträgliche Hitzewellen mit bis zu 45 °C und einer relativen Luftfeuchtigkeit von zehn Prozent und weniger mit sich.

STROM

Für elektrische Geräte wird nur selten ein Steckeradapter benötigt.

TELEFON

Auch auf La Palma sind Telefonzellen inzwischen selten geworden. Für die wenigen, die es noch gibt, benötigt man meist eine Telefonkarte (»tarjeta telefonica«), die in Tabakläden oder Movistar-Läden erhältlich ist. Das Mobilfunknetz ist gut ausgebaut, wobei Movistar und Orange die größte Netzabdeckung bieten und Roaming für SIM-Karten aller deutschen Anbieter ermöglichen. Aufgrund der vielen Schluchten schwankt die Signalstärke bei Autofahrten stark. Die Vorwahl 922 der Provinz Santa Cruz de Tenerife muss stets gewählt werden, auch aus dem Festnetz. Mobilfunk-Vorwahlen beginnen mit der Ziffer 6.

VORWAHLEN

D, A, CH ▸ Spanien 00 34
Spanien ▸ D 00 49
Spanien ▸ A 00 43
Spanien ▸ CH 00 41

TIERE

Hunde und Katzen benötigen zur Einreise einen EU-Heimtierausweis (stellt der Tierarzt aus) mit Nachweis einer Tollwutimpfung. Das Tier muss durch einen Mikrochip identifizierbar sein.

VERKEHR

AUTO

Das Straßennetz der Insel ist grundsätzlich gut ausgebaut und in recht gutem Zustand. Anspruchsvoll ist das Autofahren trotzdem, denn praktisch alle Straßen sind sehr kurvenreich. Busse und LKW benötigen in engen Kurven oft beide Spuren; auf Serpentinenstraßen sollte man also stets nach Gegenverkehr Ausschau halten. Nebenstraßen sind meist nur

dürftig ausgebaut und im Küstenbereich zuweilen extrem steil. Wer unter Höhenangst leidet, sollte nicht selbst fahren, und Beifahrer, die zu Reiseübelkeit neigen, sollten entsprechende Medizin mitbringen. Da es den ganzen Sommer über nicht regnet, bildet sich bei ersten Regenfällen im Herbst ein gefährlicher Schmierfilm auf den Straßen – hier ist besondere Vorsicht geboten. Nach starken Güssen ist mit Steinen und kleineren Erdrutschen auf der Straße zu rechnen. Das Tankstellennetz ist in den entlegeneren Gegenden im Süden und Norden der Insel relativ dünn. Fast alle Tankstellen haben jedoch an Sonn- und Feiertagen geöffnet.

FAHRRAD

Radtouren auf La Palma sind eigentlich nur hartgesottenen Radsportlern zu empfehlen. Es gibt keine Radwege, die Hauptstraßen sind eher schmal und Steigungen zwischen fünf und zehn Prozent sind keine Seltenheit. Eine Ausnahme bildet die Straße von Mazo über Fuencaliente nach Los Llanos de Aridane. Sie ist relativ flach und auch von weniger trainierten Fahrern zu bewältigen. Herrliche Ausblicke bietet sie allemal.

MIETWAGEN

Der Mietwagen ist für La Palma sicher das beste Verkehrsmittel. Es gibt viele Anbieter mit Stationen am Flughafen sowie in und um Santa Cruz und Los Llanos. Viele Hotels und Ferienhausbetreiber organisieren auf Wunsch den Mietwagen gleich mit. Die Preise sind moderat, ein Preisvergleich lohnt sich trotzdem. Aufgrund der hohen Nachfrage sollte man schon vor der Reise das Auto reservieren. Am einfachsten geht es online, z. B. bei Monta (www.lapalmarentacar.de) oder La Palma 24 (www.la-palma24.net).

ÖFFENTLICHE VERKEHRSMITTEL
Über das Busnetz der Insel kann man im Prinzip alle Ortschaften erreichen. Wer mit dem Bus unterwegs ist, sollte allerdings Zeit haben, denn die Busse fahren zwar regelmäßig, aber relativ selten. Die Fahrpläne, die an den Hauptumsteigestellen Los Llanos de Aridane und Santa Cruz erhältlich sind, geben nur die Abfahrtszeiten an den Haupthaltestellen der Ortschaften an. An den Nebenhaltestellen sind die Zeiten jeweils angeschlagen und gelten eher als Richtwerte.

ZEITUNGEN UND ZEITSCHRIFTEN
Das zweisprachige Anzeigenblatt, »D'Ocasion«, das neben Kleinanzeigen ein paar Artikel über Aktuelles enthält, ist die einzige deutschsprachige Zeitung speziell für La Palma.

Daneben gibt es das Wochenblatt, das 14-tägig erscheint und die gesamten Kanaren abdeckt. Außerdem sind in verschiedenen Geschäften sowie am Flughafen Ausgaben deutscher Tageszeitungen erhältlich, allerdings oft mit mehreren Tagen Verspätung.

ZEITVERSCHIEBUNG
Es gilt die Westeuropäische Zeit (MEZ -1 Std.), die Sommerzeit wird eingehalten.

ZOLL
Die Kanaren gehören inzwischen zum Zollgebiet der EU. Allerdings gelten für die Einfuhr von Pflanzen, Früchten und grünen Pflanzenteilen strenge Bestimmungen. Für viele Pflanzen ist ein Gesundheitszeugnis erforderlich, manche wie z. B. die Weinrebe dürfen überhaupt nicht eingeführt werden. Weitere Informationen unter www.zoll.de, www.bmf.gv.at/zoll und www.zoll.ch.

ENTFERNUNGEN (IN KM) ZWISCHEN WICHTIGEN ORTEN

	El Paso	Los Canarios	Los Llanos de Aridane	Los Sauces	Puntagorda	Roque de los Muchachos	Santa Cruz	Sto. Domingo de Garafía	Tijarafe	Villa de Mazo
El Paso	–	20	4	42	37	61	27	51	27	19
Los Canarios	20	–	18	49	53	70	26	67	45	19
Los Llanos de Aridane	4	18	–	46	29	61	33	43	19	23
Los Sauces	42	49	46	–	43	47	22	39	54	31
Puntagorda	37	53	29	43	–	29	64	15	12	56
Roque de los Muchachos	61	70	61	47	29	–	43	28	37	52
Santa Cruz	27	26	33	22	64	43	–	61	54	9
Sto. Domingo de Garafía	51	67	43	39	15	28	61	–	26	70
Tijarafe	27	45	19	54	12	37	54	26	–	54
Villa de Mazo	19	19	23	31	56	52	9	70	54	–

Orts- und Sachregister

Wird ein Begriff mehrfach aufgeführt, verweist die **halbfett** gedruckte Zahl auf die Hauptnennung. Abkürzungen: Hotel [H], Restaurant [R]

Mit neuem Schwung durchs ganze Jahr!

NICOLE JUST

LA VEGANISTA

ISS DICH GLÜCKLICH MIT

SUPER FOODS

G|U

KATHARINA PRÖN | DÖRTE GUHR | NINA SCHUHMACHER

DAS ALMASED PROGRAMM

BASIC KNOW-HOW MIT MINI-WORKOUTS UND GENUSSREZEPTEN

G|U

G|U

Willkommen im Leben.

Mehr Lesestoff unter www.gu.de/lebensenergie, im Handel oder auf

Liebe Leserinnen und Leser,
vielen Dank, dass Sie sich für einen Titel aus unserer Reihe MERIAN *live!* entschieden haben.
Wir freuen uns, Ihre Meinung zu diesem Reiseführer zu erfahren. Bitte schreiben Sie uns an
merian-live@travel-house-media.de, wenn Sie Berichtigungen und Ergänzungen haben –
und natürlich auch, wenn Ihnen etwas ganz besonders gefällt.
Alle Angaben in diesem Reiseführer sind gewissenhaft geprüft. Preise, Öffnungszeiten usw.
können sich aber schnell ändern. Für eventuelle Fehler übernimmt der Verlag keine Haftung.

© **2016 TRAVEL HOUSE MEDIA GmbH, München**

MERIAN ist eine eingetragene Marke der
GANSKE VERLAGSGRUPPE.

1. Auflage

Alle Rechte vorbehalten. Nachdruck, auch
auszugsweise, sowie die Verbreitung durch
Film, Funk, Fernsehen und Internet, durch
fotomechanische Wiedergabe, Tonträger und
Datenverarbeitungssysteme jeglicher Art nur
mit schriftlicher Genehmigung des Verlages.

**BEI INTERESSE AN DIGITALEN DATEN
AUS DER MERIAN-KARTOGRAPHIE:**
kartographie@travel-house-media.de

**BEI INTERESSE AN MASSGESCHNEI-
DERTEN MERIAN-PRODUKTEN:**
veronica.reisenegger@travel-house-media.de

BEI INTERESSE AN ANZEIGEN:
KV Kommunalverlag GmbH & Co KG
Tel. 0 89/9 28 09 60
info@kommunal-verlag.de

TRAVEL HOUSE MEDIA
Postfach 86 03 66
81630 München
merian-live@travel-house-media.de
www.merian.de
Tel. 0 89/4 50 00 99 41

REDAKTIONSLEITUNG
Susanne Kronester
REDAKTION
Sylvia Hasselbach
LEKTORAT UND SATZ
Oliver Kiesow, Thomas Rach
www.bintang-berlin.de
BILDREDAKTION
Tobias Schärtl
HERSTELLUNG
Gloria Schlayer, Bettina Häfele
REIHENGESTALTUNG
La Voilà, Marion Blomeyer & Alexandra
Rusitschka, München und Leipzig
(Coverkonzept, Ergänzungen Innenteil)
Independent Medien Design, Horst Moser,
München (Innenteil)
KARTEN
Kunth Verlag GmbH & Co. KG
für MERIAN-Kartographie
DRUCK UND BINDUNG
Printer Trento, Italien

Ein Unternehmen der
GANSKE VERLAGSGRUPPE

PEFC/18-31-506